▲ 北京大学总裁班授课

▲ 传化物流企业内训

▲ 江苏房地产总裁班授课

▲ 北方汽车集团内训

▲ 南宁商务局授课

▲ 南宁商务局授课特写

▲ 清华大学总裁班授课

企业应该这样做

让传统企业在网上牛起来

吴宝峰 著

人 民 邮 电 出 版 社
北 京

图书在版编目（CIP）数据

互联网时代企业应该这样做 ：让传统企业在网上牛起来 / 吴宝峰著. -- 北京 ：人民邮电出版社，2015.8
ISBN 978-7-115-39708-9

Ⅰ. ①互… Ⅱ. ①吴… Ⅲ. ①互联网络－应用－企业管理－研究 Ⅳ. ①F270.7

中国版本图书馆CIP数据核字(2015)第138279号

内容提要

没有一劳永逸的成功企业，只有顺应时代的求变企业，传统企业转型互联网是大势所趋。传统企业如何转换经营思路？如何改进运营模式？如何黏住互联网上庞大的用户群？如何设计符合用户的产品？如何打造口口相传的品牌？如何变革符合时代需求的营销方式？

本书通过对互联网的全面解读，从触网原则、运营思路、运营模式、用户观、产品观、品牌观、营销观七个方面阐述了企业转型必须更新的理念和做法，并列举了餐饮、旅游、金融、农业、家电、酒业、零售、美容等多个行业的案例供读者参考借鉴，有理念、有方法，更务实、更落地，让传统企业在网上牛起来，制造非一般的网络影响力。

◆ 著　　　　吴宝峰
责任编辑　寇佳音
责任印制　周昇亮

◆ 人民邮电出版社出版发行　　北京市丰台区成寿寺路 11 号
邮编　100164　　电子邮件　315@ptpress.com.cn
网址　http://www.ptpress.com.cn
大厂聚鑫印刷有限责任公司印刷

◆ 开本：700×1000　1/16　　彩插：2
印张：14.75　　2015 年 8 月第 1 版
字数：204 千字　　2015 年 8 月河北第 1 次印刷

定价：45.00 元

读者服务热线：(010)81055296　印装质量热线：(010)81055316
反盗版热线：(010)81055315
广告经营许可证：京崇工商广字第 0021 号

前 言 >>

对传统企业来说，向互联网转型是大势所趋，尤其是在“互联网 +”这一概念提出来之后。毕竟时代变了，商业环境也变了，没有成功的企业，只有时代的企业。所以，传统企业现在的问题不是转不转型，而是如何转型。

当然，传统企业向互联网转型已经不是这一两年的事情了，早几年有不少企业就或多或少地做过一些尝试。那么，当下的转型与之前有什么区别呢？之前传统企业触网多是以“传统企业 + 互联网”的形式，只是把互联网作为一个营销阵地、传播平台或者销售渠道，运营思路、模式、用户、产品、品牌、营销等方面没有太大的变化，也没有取得太好的效果。

而当下的“互联网 +”是什么？通俗地说，就是互联网 + 各个传统行业。不再像以前只是两者相加，当下的互联网商业环境对传统企业向互联网转型提出了更高的要求，从原则、思路、模式、用户、产品、品牌、营销等多个方面进行了彻底的颠覆和变革，传统企业需要对整个互联网商业环境进行重新审视和思考。

互联网 +，要求互联网与传统行业进行深度的融合。这种深度融合包括以下几方面的内容。

传统企业触网不仅仅要关注互联网传播与营销，更要把互联网精神和成功的互联网企业的精髓学过来，吃透触网原则。

互联网 + 传统企业是对传统企业互联网化进一步的渗透和改造，这就要从根本的运营思路上来改变，包括传播模式、盈利模式、组织形式等方面。

运营模式同样需要变革，从产品、营销、用户、决策等方面，让企业互联网化，顺应时代的潮流。

用户，不再仅仅是用户，他们应该是产品的参与者，是企业的忠实粉丝，更注重产品体验，这就要求传统企业改变过去的用户观念。

用户在变，产品也要跟着变。传统企业的产品如何才能符合互联网用户的需求？从创新到用户参与、从个性到亮点、从简约到极致，有个性的产品才有灵魂，才有用户。

传统企业转型的关键在于打造互联网品牌。创建企业的专属标签，打造口碑效应，以好产品 + 好服务打造核心竞争力，做好社会化媒体传播等，都是打造互联网品牌的关键点。

互联网营销，不再是传统的单向传播，社交化、O2O、饥饿营销、流量、痛点、爆点、亮点等都是传统企业应掌握的营销方式，应更注重低成本和高效益。

在如今互联网深入到每个角落的大时代，"互联网 + 传统企业怎么做"是传统企业突破瓶颈、持续发展所必须思考的问题，也是必须去做的事情。

在餐饮、地产、旅游、金融、农业、家电、酒业、通信、零售、美容、医疗、教育、交通等多个领域，互联网对传统行业的提升也逐渐成为现实。以餐饮行业的雕爷牛腩为例，可以说是比较成功的一个互联网餐饮品牌；传统行业的万科、海尔，在互联网转型上也走在了同行的前面，并取得了不错的效果。此外，金融、医疗、教育等行业的转型更是媒体、投资界等各方关注的焦点。

这是一个互联网大行其道的时代，传统企业可以通过互联网找到新的运营思路、新的盈利模式、新的用户……本书正是从这一点出发，向读者介绍了一系列传统企业向互联网转型的成功案例，分析这些企业能成功的深层次原因，让读者看到它们是如何将企业与互联网完美融合的，为读者指明了在实际操作中需要注意的要点和难点，并提出了一系列的解决方法和策略。

希望本书可以给读者带来启发和帮助，给传统企业带来更多的提升和改变，让传统企业真正和互联网融合起来。

目 录 >>

第一章 互联网时代传统企业的痛点

这几年，传统企业在互联网企业的冲击下，营销优势渐渐丧失，产品滞销，用户越来越少。在互联网的大环境下，传统企业唯有主动应对，才能获得生机。转型不是做不做的问题，而是怎么做好的问题。在“互联网 +”时代的前提下，餐饮、地产、旅游、金融、农业、家电、酒业、通信、零售、美容……任何一个行业都可以转型，没有成功的企业，只有时代的企业。

第二章 触网原则：传统企业向互联网转型的六大原则

向互联网转型无疑是大势所趋，也是传统企业的出路。然而，并不是建个网站、做个 App、维护几个微信公众号就是互联网企业了。传统企业的经营理念、运营原则与互联网企业是不同甚至完全相反的。这也是为什么很多传统企业向互联网转型做得不好的重要原因。传统企业向互联网转型，首先要了解互联网企业遵循的六大原则，本章为您一一讲述。

第三章 运营思路：传统企业向互联网转型的六个运营思路

很多企业转型的经验告诉我们，用传统的运营思路去做互联网是不行的。互联网有它独特的运营思路：互动、免费、平等、跨界、开放、整合。传统企业触网，就一定要了解互联网企业的运营思路，顺应互联网的发展趋势，让企业发展到一个新高度。

第四章 运营模式：传统企业向互联网转型的七种运营模式

互联网毫无疑问会为企业带来大量的商机和财富，给企业带来全新的面貌、快速的发展。为什么有的企业向互联网转型并不成功？根本原因就在于没有掌握互联网企业的运营模式，仅仅做了一些皮毛的工作，如建网站、开通微博、微信等。传统企业首先要做的是选择适合自己的运营模式，如此，相对应的方法技巧才能发挥作用。

第五章 粉丝经济：传统企业转型需要重建的七种用户观

用户是企业生存和发展的基础。但是，传统企业的用户观念已经无法适应互联网时代的要求。用户转移的成本越来越低，企业维护用户的成本越来越高，失去用户的速度越来越快，究竟是哪里出了问题？答案就是用传统企业的用户观做互联网！本章为你讲述互联网时代的七种用户观，教你打造粉丝经济。

第六章 产品为王：传统企业转型需要更新的七种产品观

互联网时代，不管是产品还是服务都是以用户为中心的。互联网产品的特点是什么？创新、用户参与、有性格、有亮点、简约、极致……在人人都追求自我个性的今天，产品需要有自己的特质，这才是吸引用户的关键。所以，传统企业向互联网转型，首先要更新产品观，打造符合互联网用户群需求的产品。

第七章 打造品牌：传统企业转型需要树立的七种品牌观

传统企业如何快速打造互联网品牌？通过病毒营销，让企业产品人人都知道；创建专属标签，让用户对企业产品印象深刻；打造良好口碑，让用过的人都说好；利用社会化媒体传播、卖好服务、利用用户评价等，让没用过的人都想用。

第八章 营销变革：传统企业转型需要具备的七种营销观

互联网时代的到来，使得投入资金大、回报效果小的传统单向营销方式已渐渐被人冷落，取而代之的是投资小、影响大的社会化媒体营销手段。尖叫点、痛点、饥饿营销、爆点、流量、线上线下组合营销、圈子，这些营销思维和观念的变革，正是传统企业转型所需要掌握的。

第九章 触网案例：传统企业向互联网转型的十个经典案例

现在，互联网已经渗透各行各业，许多企业都依靠互联网获得了成功。本章为您详细讲述餐饮、地产、旅游、金融、农业、家电、酒业、通信、零售、美容十个不同行业利用互联网获得成功的十个经典案例。

第一章

互联网时代 传统企业的痛点

这几年，传统企业在互联网企业的冲击下，营销优势渐渐丧失，产品滞销，用户越来越少。在互联网的大环境下，传统企业唯有主动应对，才能获得生机。转型不是做不做的问题，而是怎么做好的问题。在“互联网 +”时代的前提下，餐饮、地产、旅游、金融、农业、家电、酒业、通信、零售、美容……任何一个行业都可以转型，没有成功的企业，只有时代的企业。

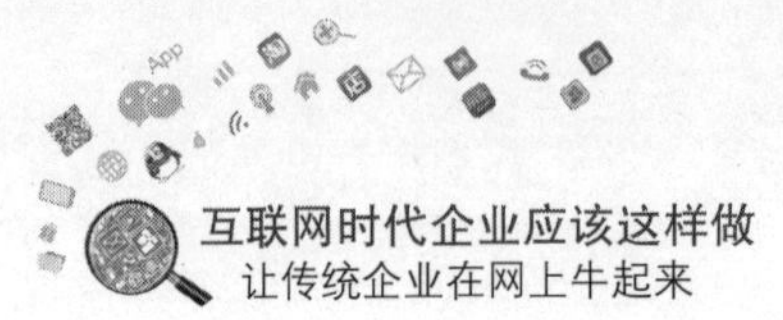

1. 雷军与董明珠的赌局

“中国经济年度人物”是中央电视台每年都会举办的一个人物评选活动，每一届都聚集了无数的商界大腕，也有许多商界的风云人物领走无数个大大小小的奖项。似乎每一年的颁奖都是这么过的，但是在2013年的颁奖礼上，却发生了一件引起极大争议的事件。

小米手机创始人雷军向格力掌门人董明珠表示：在5年之内，如果小米的销售额超过了格力，董明珠就要向自己支付1元作为奖励。而董明珠则表示，要赌就赌大的，将赌金提高到10亿元，天价赌局由此诞生。此事一出，就引起了媒体的极大关注，如图1-1所示。

董明珠雷军当场豪赌10亿 马云不敢担保_财经_凤凰网

2013年12月12日 - 图为颁奖现场董明珠(左)雷军(右) 凤凰财经讯 12月12日央视"中国经济年度人物"颁奖典礼上上演了一场10亿元的赌局,年度人物大奖获得者雷军表示...
finance.ifeng.com/a/... 2013-12-12 - 快照 - V 凤凰财经

董明珠雷军当场豪赌10亿 马云不敢担保--财经--海外网

图文 2013年12月13日 - 图为颁奖现场董明珠(左)雷军(右) 凤凰财经讯12月12日央视"中国经济年度人物"颁奖典礼上上演了一场10亿元的赌局,年度人物大奖获得者雷军表示...
finance.haiwainet.cn/BIG5/... 2013-12-13 - 快照

雷军董明珠唇枪舌剑 当场豪赌10亿元.mp4.. 在线观看 - 酷6视频

立即播放 上传时间：2014年1月11日
雷军董明珠唇枪舌剑 当场豪赌10亿元.mp4..发布时间:1年前 上 传 者:好看更好玩标 签: 内容介绍: 主题精选 Channel Me 精选 全部评论条评论 我来说...
v.ku6.com/sh...Q...html 2014-01-11 - 快照 - V 酷6播客

10亿豪赌:董明珠认怂了,雷军输了--百度百家

原本还等着,四年之后,看雷军和董明珠10亿豪赌的精彩大结局呢,可是随着霸道总裁董明珠昨天在中企领袖年会上对小米的声声质疑和吐槽,这场传统企业和互联网公司的10亿元豪...
haotianxi.baijia.baidu.com/... 2015-02-19 - V

董明珠雷军10亿豪赌意味着什么 证券时报网

图1-1 各大媒体对“赌局”的关注

其实雷军敢提出这个赌局，也说明对自己的实力有充分的信心。确实，按照小米的年收入增长额来看，大有在3年内超过格力的趋势。小米2012年的销售额达到了126亿元，2013年超过310亿元，2014年达到743亿元。照此速度，小米在2015年的销售额突破1 000亿元根本不是问题。这快速增长的数据就是雷军的底气。

面对雷军如此赤裸裸的挑衅，董明珠当然不服气，所以在一气之下才将赌金提高到10亿元。与雷军一样，她既然敢这么做，自然有其实力。细看格力电器这三年的发展，每年的销售增长都达到了200亿元。2012年总营收为1 001.1亿元，同比增长19.9%；2013年为1 200.43亿元，同比增长19.91%。如此惊人的增长速度，难怪董明珠敢将赌金提高到10亿元。

男神与白富美的赌局在传统行业与互联网行业里激起了不小的浪花，每个人都期待这场赌局的结果。是董明珠赢，还是雷军赢？其实这赌局的输赢不只代表了他们个人，也代表了互联网企业与传统企业的比拼。每个人都想知道在互联网的大环境下，以董明珠为代表的传统企业如何守住阵地并让业绩节节高升，而以小米为代表的互联网企业又将怎样撼动传统行业这块大石。

然而在2014年12月14日的“中国企业领袖”年会上，董明珠“揭晓”了赌约的最终结果。她称：“小米不是什么伟大的公司，小米不是有品质的产品，小米已与美的联手，已违背当初赌约的内容。所以拿格力和小米比根本没有什么意义。同时拿空调与手机比也是不公平的，格力单是凭专利就赢了，小米要比应该找华为。”短短几句话，掀起巨浪的天价赌约就这么草草地结束了。

高高抬起，轻轻放下，过程曲折，结果平淡。这一场赌局为过去一年的中国经济界添加了不少的看头，也几乎完美地阐释了互联网行业与传统实业之间的碰撞。无论结果如何，其背后都是对互联网产业与传统产业发展的思考。

小米公司是互联网服务型企业，其最大的优势就是跟用户贴近，注重用户体验和口碑。同时小米公司进行了两大创新：一是利用互联网直接面对终端消费者进行销售，跳过了经销商；二是开创了预付款的生产模式。这两种创新让小米的手机价格比其他同类手机低了许多，再加上极致的服务体验，使小米手机迅速打开了市场。但小米的核心竞争力并不在此，而是其懂得利用互联网与用户进行深度互动，在互动的过程中了解用户的需求，从而解决痛点，满足用户的需求。

小米的盈利模式可以说是互联网盈利模式的代表，其关键点就是“轻资产”。第一，小米没有设立工厂，所以它可以找世界上最好的工厂进行生产。第二，小米没有设立销售渠道，所以它可以无所顾忌地采用互联网电商直销模式。这样就将传统企业中所需要的渠道成本、店面成本、销售成本节省了下来，从而产生更高的效率。第三，因为没有工厂和销售渠道，所以它的重心都放在了产品研发和与用户沟通上。小米公司有4 000多名员工，其中2 500名员工在做与用户沟通的事情，剩下的人在做研发。

小米的种种方面都体现出互联网精神——注重极致的产品体验、注重产品的迭代更新、注重同用户的沟通互动。而这些正是传统企业所缺乏的。

格力电器是典型的传统制造业企业，它选择了“产业链垂直整合”的商业模式，包括压缩机、电机、漆包线等核心部件的制造，也包括空调设计、品牌影响、组装制造等方面。这样的商业模式，不仅自己的核心技术不受供应商影响，而且在最大限度上确保了企业的自主性和品牌创造力，同时还能对全产业链做到有效把控，实现成本最小化、利润最大化的目标。这不单是格力的优点，也是传统企业的优点。但传统企业的缺点也很明显：第一，层层的渠道将用户隔得越来越远；第二，渠道太长，库存全部在路上，风险较小米的预付生产模式大许多；第三，做的事情太多，无法专心一致地做好自己擅长的领域。

通过以上的分析，就可以知道以小米为代表的互联网企业和以格力为代表的传统企业身上所体现的优缺点各是什么。在互联网的大趋势之下，传统企业要想突破困境，要想赢得赌局，就要学习对方身上的优点，或是与互联网企业相结合。就像是董明珠，即使对互联网颇有微词，但依然选择了触网，除了销售渠道的电商变革，也与阿里共同合作大家电的O2O项目，渐渐迈上了智能家居之路。

其实，在这场赌局中，双方都是赢家。比起许多没有醒悟的企业，董明珠与雷军的这种打赌反而是种大悟。以小米为代表的互联网企业率先看到了传统企业的机遇和优势，通过它与美的的合作就可知。而以格力为代表的传统企业则率先看到了互联网的优点，所以格力才开始谋划O2O之路。

但无论如何，如果传统企业要想有大发展，变革是必不可少的，而往互联网方向发展，或是开拓互联网业务，则是这场变革的重中之重。

2. 用户去哪儿了

用户去哪儿了？用户上网去了！多数的传统企业都会面临这一个困境。截至2014年6月末，我国互联网用户已达6.32亿，并且仍在逐步上升。这么一个庞大的群体，代表着现在和未来的主流消费力量。早在1999年，易趣网在上海成立。随后，淘宝的免费模式击败了易趣，成为行业龙头。不久京东和苏宁易购纷纷崛起，加入这场电商大战。网民是电商的基础，但对于传统企业来说，却是一种非常大的威胁。

随着互联网的发展，消费者的生活形态、消费习惯、购买方式都会发生很大的改变。这对传统企业来说，就意味着用户的流失——他们逐渐被新的网络渠道、网络终端所吸引。

要解决用户不断消失的问题，就要加入对网络化顾客的争夺。传统企业主要采取了三种做法：一是自行建立网上销售平台；二是借助淘宝、京东等第三方平台在网上开店；三是既建立自己的购物平台，也加入其他网络销售平台。总的来说，传统企业所采取的这些行动，都是为了对用户实行网络化迁移。

什么是网络化迁移？其实指的就是传统企业通过对用户的影响力，将用户从传统的购买渠道转移到企业所指定的网络化购买渠道上来。这个显然是大势所趋，用户网络化迁移的完成，将对企业有不小的助力：一方面能破除空间的限制，让企业以最低的成本去开拓大市场；另一方面又能给企业提供更多的信息，从而为自身带来更多新的机会。

用户的网络化迁移非常重要，企业做得好了，自然能在维持老客户之时，又开拓出新客户，有效防止互联网企业的侵略。而做得不好，或是没去实行，则在失去用户的同时走向衰落，就像曾经风靡一时的柯达。

很多人都无法想象，为什么像柯达这么知名的跨国企业会破产。其实柯达破产的原因有两个方面：一是产品不够创新，没有定期进行迭代，无法吸引用户的眼光，所以被不断推陈出新的数码相机取代；二是在网络营销方面墨守成规，不懂得适应大趋势，实行用户的网络化迁移，以致被用户抛弃。

对于第一点，大多数人都会感同身受，柯达的创新能力确实不够，如果它能早一步推出数码产品，肯定就不会走到破产这一步。不过柯达破产的第二个方面却是很多传统企业需要警惕的，因为现在已经有很多传统企业正在步柯达的后尘。其实在1999年，柯达的领导人费舍尔带领的团队早已研发出几款数码相机，该相机还有网络分享相片的功能。但是费舍尔不仅没有抓住互联网这个大潮流，反而打消了在互联网做营销的想法。

不久，其他品牌的数码相机迅速崛起，在柯达意识到之前早已占领了互联网市场。费舍尔多次困惑自己那些忠实的用户都去哪儿了。当柯达意识到时，一切已经太晚了。风靡世界的柯达就因为产品更新不及时以及没有跟随互联网的发展脚步，让自己只能成为众多相机爱好者的美好回忆。

既然用户向网络转移是不可避免的趋势，那么还在困惑用户去哪儿了的传统企业为什么不把他们迁移到自己的网络销售平台上呢？如果企业不进行网络迁移，那么这些流失的用户自然就被淘宝、易趣、当当、卓越等新型电商平台接收，或是被本行业已经实行用户网络迁移的对手撬走。无论是哪一种，对企业来说都是一场不可逆转的噩梦。

那么，要如何避免用户流失的噩梦上演呢？

不断进行产品迭代，市场营销要走双向发展

传统企业的用户之所以不断流失，是因为大多数企业还没有意识到自己的产品已经过时，营销模式太过单一。北京悦澜湾餐厅是以专做云南菜出名的，刚开始的时候确实有很多顾客是奔着这个名头去的。但经过一段时间之后，顾客越来越少。后来负责人才发现，该餐厅所推出的菜品样式已经很久没有更新了，顾客吃的次数多了难免会有烦腻之感。而且，相比其他餐厅能在网上下单定位，悦澜湾只能到店才能下单选座；同时，比起一些实行团购优惠策略的餐厅，没有该优惠政策的悦澜湾对顾客也缺少了价格吸引。

悦澜湾为了挽回顾客，除了不断地更新菜式，给顾客呈现出不同的美味外，还推出了团购优惠，让顾客可以以更优惠的价格到店内享受美食。做出改变之后，悦澜湾的顾客越来越多，生意越来越好。

对顾客实行网络化的诱导式迁移

但是在网上构建销售渠道或是销售平台并不能完全解决顾客迁移的问题。也就是说，在网络平台建立的初期，顾客流量肯定很少。面对这种情况，企业就要对顾客进行诱导式的迁移。

诱导式迁移要遵循以下三个原则：第一是便宜，如在博库书城购书，可以享受更低的价格，又比如KTV在线下单，可免费赠送3小时包房费；第二是便捷，网络购物之所以能迅速兴起，是因为比传统购物更为便捷。也就是说，如果企业要对顾客进行网络化迁移，就要提供更多的服务，让顾客更加方便，如电器送货上门，上门维修、安装、清理等；第三是简便，如果企业自建销售平台，其操作过程一定要简便，很多顾客会因为操作过

程太过烦琐而心生退意。企业必须提供一个能平滑过渡的平台，让顾客在短时间内就能完成购买操作。

总之，传统企业要解决用户流失的问题，首先就要保持产品的新鲜性，建立线上线下购物渠道，然后跟随互联网的潮流大势，将用户进行网络化迁移。完成了网络化迁移，再保证其购物的满意度，新的用户自然会因为口碑而自动上门。这样，传统企业就再也不用为“用户去哪儿了”的问题所困扰了。

3. 海尔转型的内幕

从2012年开始，海尔集团董事局主席兼首席执行官张瑞敏就已经要求海尔全面转入互联网，如图1-2所示。经过这几年的努力，海尔的互联网转型可以说是成功的。张瑞敏所制定的转型路径没有任何花俏招式，这样反而能直抵互联网时代所要求的本质观念和组织要求。

海尔商城官网【ehaier.com】全场免运 支持货到付款 官网

海尔集团旗下唯一网上官方商城，全场免邮送装一体送到就安装，覆盖全国1745个区县可货到付款。在线直销海尔旗下各品牌冰箱、洗衣机、空调、彩电、热水器、手机数码、电脑等家电产品。海尔官方商城，全球白电第一品牌，更有个性定制家电等你来选！

http://www.ehaier.com 2015-03 - 品牌直达

- 【跨年定制场】海尔商城品质不将就
- 【海尔商城】全名团圆“空”前钜惠
- 【贺岁特卖】限时抢购，春节不停运
- 【全家暖洋洋】中央空调羊年送温暖

销量冠军	火爆活动	最新活动	智能产品	海尔特色
冰箱销量冠军	大屏看电视	热水器迎早春	统帅投影仪	送装一体
洗衣机爆售	跨年定制场	洗衣机钜惠	个性定制潮品	海尔知识堂
电视爆款疯抢	空调暖风送春	冰箱开门红	海尔空气魔方	七天退换

图1-2 海尔官网

海尔是制造业巨头，要转型自然会承担更大的风险。但张瑞敏相信“置之死地而后生”，所以必须主动转型。与其他企业所创造的互联网营销的热闹故事相比，海尔转型似乎除了“裁员”之外，几乎毫无噱头。虽然激起的浪花不小，但海尔却得到了自己想要的结果。很多人都在困惑海尔转型的真相，那么海尔转型到底有什么内幕呢？

“外去中间商，内去隔热层”

2014年海尔裁员1.6万人，减员的比例是18%。张瑞敏宣布2015年还将继续减掉1万人。海尔裁员的消息对外宣布后，就在业界引发了轩然大波。对海尔大规模的裁员，张瑞敏的解释是：“其实海尔的裁员并非是裁员，而是把每个员工转变为创业者，它希望鼓励更多的员工跳出传统的企业组织，转变为创业者。此后，海尔在册的员工不会逐渐减少，但在线的资源会渐渐增多。”

张瑞敏认为，在互联网时代，用户与企业的关系已经发生了改变。第一个改变就是企业和用户之间的零距离，从原来企业的大规模制造变成大规模的定制，所以生产线发生了改变。第二个改变是去中心化，在互联网时代，没有中心与领导，所以科层制也相应地发生了改变。

面对这种改变，张瑞敏在海尔内部提出了“外去中间商，内去隔热层”的全新经营理念，让企业可以直接面对顾客的需求。现在海尔在做的就是逐渐把中层管理者的“隔热层”去掉，让企业和用户连接到一起，从企业内部开始形成一个利益共同体。事实上，这也是海尔组织转型的关键，在这个利益共同体里，所有的隔热层都去掉了，各种资源才可以无障碍地进入，实现各方利益的最大化。

因为企业在试错过程中将自身分成一个个面向市场的小组织或是小的单位，所以难以传递市场信号的中间层自然而然成为冗员。那么除去冗员的方式就是裁员，这是海尔转型战略下的必要行为，也是提升企业效率的必要举措。

在互联网瞬息万变的市场需求之下，一个企业的毁灭多因中间管理层的绝缘或者短路。所以，去掉中间层，将之改为串联或者并联是企业转型的一个重要方式。

正如张瑞敏所说："在这个时代，中间商已经没有存在的必要，作为隔热层的中间层也必须去掉。当一些业务智能化之后，我们的企业就不需要那么多人了。"

海尔转型过程中的四大功夫

用户驱动：互联网企业将消费者称为用户，而用户的重点是在"用"字。当企业把顾客看作用户时，双方的关系就从买卖时点延长到了整个使用过程。要想延长双方的关系，企业就要花费更多的心思来满足用户更多的需求，而在这个满足的过程中，企业也能发现更多的发展机会。

海尔过去是单纯的制造商，而转型后则在用户需求的连贯性基础上，成为了整体家居解决方案的提供者。此外，海尔采用了用户投票来决定新型项目的全新设计模式，产品每一次的迭代点都来自于用户的反馈。海尔转型之后的操作手法与典型的互联网产品并无区别。

● 敏捷开发：在过去，传统的门径式开发是主流的思路，企业遵循固定的开发步骤，然后一级一级推进产品直至最后投放市场。而对于互联网企业来说，敏捷就是其命脉，所以每个互联网产品推出第一个版本时经历的时间非常短。第一个版本出来时，它的目的不是盈利，而是为了寻找一些根本性问题的答案：用户的需求基础是什么？产品的方案到底对不对？自己的商业模式行不行？

2013年9月，海尔提出了"空气盒子"的构想，10月就立项，2014年1月就已经带着样板参加美国的CES展，从3月开始了第一次限量网售。从构想到推出只用了半年的时间，这样的敏捷程度已经直接进入了互联网节奏，这是过去的传统企业无法想象的。

● 灵活阵形：在转型过程中，难度最大的就是团队管理。职业风险、激励机制、KPI等都是传统企业转型时团队管理所要面临的困难。但这些对于互联网企业来说，却根本不是问题。这就是因为他们的去KPI化、灵活组队的管理习惯和试错容错的文化基因。而张瑞敏面对转型时出现的管理问题，采取了最简单、快速的一种做法——直接切除阻碍转型的中间管理层。

● 基本功：其意思就是多元化战略，例如前文所说的用户关系和内部创业，这些都必然催生出与传统业务不同的产品与服务，海尔的日日顺商城平台就是一个典型的案例。该平台是以经营家装、家饰、家电定制和配送为主的O2O电子商城，2014年年初就获得阿里巴巴的投资。要想这个平台有所发展，那么海尔就必然要练好基本功，而练好基本功的前提就是获得互联网的技术支持。例如，海尔的线上销售就是依靠网格技术解决不同渠道的价格冲突。

海尔转型的内幕就是如此，其所有的转型着力点都是将自身的特点与互联网结合起来去做。

4．转型怕死，不转型等死

转型关乎企业生死，难度可想而知，尤其是一些传统的大型企业，靠的就是传统的渠道和团队，一时之间想要转型谈何容易。就像是诺基亚这种国际巨头公司，它们的企业文化、管理规范、专利创新都是全球顶尖，但却在新兴的互联网公司的冲击之下迅速消失。这就是因为它最初死守着传统模式不肯转型，想要转型时却为时已晚而造成的。

很多企业怕转型不成功会直接导致企业倒闭。（但不转型，在互联网企业的冲击之下，也只能慢慢等死。）所以这些企业就在转型与不转型之

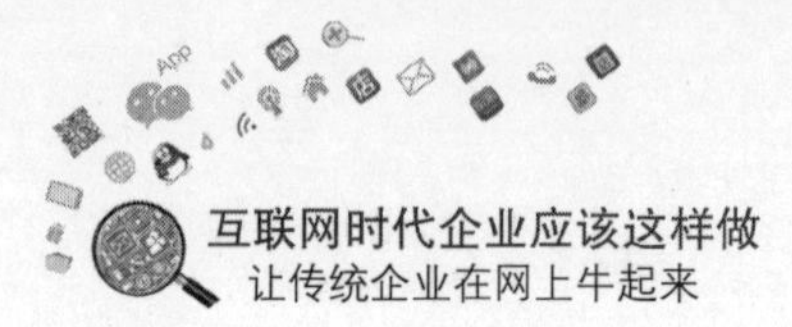

间摇摆不定，直至错过最佳转型时机，最后不得不面临失败。

传统企业所要面临的转型有两种：第一种是被迫转型。当问题累积到不能解决时，企业被迫转型，这种转型的代价是很大的，大到一般的企业都无法承受；第二种转型是预见式转型。这是企业领导人高瞻远瞩，主动选择转型，但这种情况很少。就像是IBM当年把PC业务卖给联想，在PC失去价值前提前抛售，利益得到了最大化。

一些企业主们为什么怕转型，就是因为他们对互联网不了解，对于不了解的事物去投资，这对于传统企业家来说是不可能的事。

在大多数时候，人们在谈到一种代表着未来的新模式时，容易陷入这样的误区，即好像这种新模式的成功案例很少，从而选择了观望或是等待。以家居电商为例，大多数的企业家都认为这个行业并没有足够多的成功样板激励他们敢于转型。

在众多的传统企业中，耐克可以说是转型企业的成功典范，如图1-3所示。2014年，耐克发布了一个名为《终极对决》的影片，其中所宣扬的“不敢冒险才是真正的冒险”引起了强大的共鸣，在朋友圈里迅速传播。不单是营销方式的改变，耐克在其他方面也做出了重大的改变。

图1-3　耐克官网

除了维持自己的核心技术，耐克在视野上也有了大的开拓。耐克这个传统的运动装备公司，正用一种互联网的思维去重塑运动品行业，把自己变成以服务爱好运动的用户为己任的公司，而卖衣服和鞋子只是它从事的项目之一。

耐克的互联网布局经历了从硬件到软件，再到社区+大数据的过程。2006年5月，耐克和苹果联合发布Nike+iPod运动系列组件。这是耐克推出的第一款智能硬件，用户将手机的数据传输到拇指盖大小的芯片产品——nikeplus.com上面，就能和朋友分享自己的运动经验，而耐克也能从中得到一些建议。之后耐克还发布了Nike+GPS和Nike+Training的App、Nike+SportWatch GPS，它们的功能与最初的那款产品一样，目的都是追踪、记录和分享。

不了解耐克互联网数字战略的人会以为其最近放弃Nike+FuelBand是在收缩数字业务，其实它只是将这一部分交给了苹果去做，自己则专心打造软件以及背后庞大的爱好运动的用户社区。

从Nike+Running开始，耐克开始运行互联网的免费模式。因为免费模式的运行，这个App受到了很多人的欢迎，仅在中国，下载量就超过了300万次。在全球，这个软件的用户规模达到了2 000万。因为这款免费软件，耐克得以更好、更高效地接触到自己的核心用户人群。

耐克互联网战略中的大部分构想都来自于大数据。通过Nike+收集到的运动爱好者的运动和身体数据，耐克就可接通各类健康服务商。耐克更大的变化在于移动应用开发方面的开放。耐克不断地与其他企业进行跨界合作，2014年4月11日，耐克在旧金山成立了Fuel Lab实验室，将平台开放给第三方开发者，以寻求更多创新应用的可能。

耐克的转型搭建起了一个传统营销渠道之外的渠道，它与每个用户或是潜在用户实时相连。其结果是，在过年的3年中，其广告预算下降了40%。互联网平台的用户之间的交流和分享体验，为耐克创造和传播品牌忠诚度的同时，还带动了更大的销售业绩。单是在中国，Nike+的会员数在2011年增加了55%，跑步业务营收增长至28亿美元。

在互联网时代的今天，没有人会怀疑信息化对企业传统的生产管理运营所带来的变化。互联网企业对于传统企业的强烈冲击已经完全呈现在世人面前，所以传统企业要拥抱互联网，为其实体经济的提升寻找到发动机。

加入电商或是自建平台是转型途径

传统企业的危机感来自于大家突然找不到路标，不懂得未来之路如何走，利润好的企业烦恼，利润不好的企业更加烦恼。传统企业最大的危机，不是当下利润的多寡，而是对于未来能否清晰把握。传统企业已经陷入了进退两难之地，前面是互联网企业已经开始虎口夺食了，后面是自己不知该往哪儿走。

面对这种困境，许多传统企业不得不选择主动转型，最保险的方式就是入驻电商。入驻方式一般有两种：一是选择第三方平台，如天猫、京东；二是自建电商平台，如苏宁。不同的传统企业可选择适合自己的方式来加入电商。自建平台，往互联网方向转型，这种方式无疑是最正确的，但并不是所有企业都可以效仿的。这需要强大的资金和技术支持，因此能成功转型的企业并不多。苏宁可谓其中成功转型的典型代表之一。

在苏宁转型电商之初，其上市十年中第一次出现了亏损的情况，单是上半年就亏损了7.49亿元，但苏宁并没有因为亏损而放弃，反而投入更多的资金去发展平台。现如今，苏宁易购已成功地变身为三大电商之一，真正实现了互联网转型之路。

读懂市场需求是转型关键

不管是诺基亚的崩塌、任天堂的衰老、微软的萎靡不振、海尔的裁员，我们都可以看到曾经以功能著称的产品正在走下神坛。

现在的人们身边充斥着各种各样的媒体介质——微博、微信、博客、QQ等。这种媒体介质容易让更多的人受到影响，所以传统的广告效果越来越弱。现在品牌的影响慢慢地从大平台发展到各种各样的小圈子，从改造社会的大话题转向改造自己。所以，了解自己所处的时代背景，了解这个时代的用户环境，才能抓住转型的方向。就像现代每个企业都开设了官方微博、微信公众号，就是希望从这些社会化媒体渠道了解用户的需求和市场的需求。

转型这条路并不好走，走不走都会面临巨大的风险，但是选择转型的企业依然有一线生机，有希望突破瓶颈，取得更大的成就。而选择固守的企业，只能如身染重病的迟暮老人一样黯然退场。

5. 传统企业“触网”应该避免的误区

互联网的出现给许多传统行业带来了不小的冲击，许多企业主们发现自己的产品卖不动了，自己的顾客不知道跑哪儿去了。所以有些先知先觉的传统企业也开始布局，跟随着时代的大潮往互联网方向发展。但这些企业虽然已经触网，开始艰难地做电子商务，做新媒体营销，结果却不太理想。于是，大家便患上了一种病——“互联网焦虑症”，并且继续在恐慌中摸索着，时不时地又碰上某个陷阱或误区，让自己伤痕累累。那么传统企业在“触网”的过程中应该避免哪些误区呢?

● 微信、微博并不等于网络营销。传统企业主对网络营销的看法大致分为两类：一类是不以为然，漠然视之。其他企业也做了，但没什么效果，这些网络营销手段只是说得好听而已，其实根本没有什么价值；另一类是“病急乱投医”，什么流行就追什么，人家玩微博他也跟着玩微博，人家玩微信他也跟着玩微信，没有自己的想法及规划。这两类企业主的做法，都没有把握住网络营销的本质。

不是说做好了微博、微信就等于做好了网络营销，网络营销的范围很大，它们只是互联网产品的两种形态。网络营销的本质还是营销，与传统的营销一样，要想做好它就要先完成对整个营销体系的梳理，包括品牌定位、产品定价、渠道建设和服务体验等几个层面。唯有如此，企业才能在传播环节中通过互联网营销工具有针对性地提高传播效率。

● 网上开店不等于电子商务。多数传统企业选择触网，都会从电子商务做起。但是，大多数传统企业主对于电商的认识都流于表面，认为入驻天猫或京东就算是触网，就算是做电商了，这是错误的认识。电商是什么？是企业利用电子网络技术来创造、提高、增强、转变企业原先的业务流程和体系，使之创造出更高的价值。简单来说，电商是一种方式而不是目标。

当然，通过电商来提高销售也是目标之一，但并不是唯一目标。传统企业应该清楚地认识到电商的五大价值：增加与用户的互动；通过在线拓展品牌；增加自身服务体系；降低企业运行成本；增加产品销售量。如果只是为销售而做电商，就极容易陷入开网店、出更多产品、与同行打价格战的危险境地中。增加与用户的互动，在线拓展品牌，增加自身服务体系，才是做电商的价值。

● 电商战略不等同于渠道战略。如果传统企业不能把线上业务当作企业战略来策划，就一定会忽视消费行为的全过程、用户满意度、品牌策略，忽视用户的咨询、反馈、互动等能给核心业务和流程带来改变的机会。

● 信息化不等于互联网化。信息化是企业的一种内部行为，如安装ERP、CRM等管理软件。而互联网化，指的是企业在运营过程中注重人的作用。这里的人既是指员工，也是指用户。所以不是说安装了几款软件，就能称为企业信息化了。

在企业信息化阶段，强调的是如何通过网络技术让内部生产和外部销售更加智能化、专业化。而在互联网时期，企业必须清楚地认识到员工和用户所能起到的作用。就比如在社交媒体平台上，企业员工的每一个细微举动都有可能给企业带来重大的影响，而用户的评价则可能给企业带来一些好的或坏的消息。当用户不再满足于企业生产什么我买什么时，就会主动向企业提出自己的需求，企业和用户之间因此由B2C向C2B方向转变，这是传统企业互联网化时必然出现的现象。

● 外包方式不能根本解决人才瓶颈。很多传统企业因为不熟悉互联网，所以都会选择外包，找第三方来运营企业。这一点无可厚非，但企业要想有大发展就不能一直依靠外包，要突破自己的互联网人才瓶颈，否则时间一久就有可能带来负面影响。如果企业长期依赖外包，那么传统企业在人才方面就会越来越缺乏。传统企业要想触网，如果自己不能对互联网有深度理解，并具备电商运营和新媒体营销能力的人才队伍，那么就不可能做到真正的成功。

如今触网的传统企业不断增多，国内最大的名酒代理商京糖与最大的酒类电商酒仙网也宣布了合作，如图1-4所示。酒仙网将全权代理京糖旗下的线上酒水项目，并通过八大商城平台为京糖推广所有的酒水品种，包括自有品牌“京酒”，同时为其热门酒类做文字链、通栏宣传等推广支持。

图1-4 京糖入驻酒仙网

在业内看来，这次的结盟意在实现传统行业与互联网行业的优势互补。目前酒仙网已与100多家国内传统白酒企业达成了合作，而京糖此次选择酒仙网也正是看到了其互联网营销的优势。白酒行业一直面临着传统渠道费用居高不下、企业地域斗争激烈、大量客户被电商渠道分流等巨大的压力，所以，要想突破瓶颈，传统企业必须触网。

但是京糖并没有将与酒仙网的合作当成自己的成功。除了不断与互联网企业进行合作，京糖也加强了自身的互联网建设，从最初的微博、微信、企业内部信息化的改变，到现在不断地吸纳电商人才。在管理层的有效运营之下，现如今的京糖已拥有了一个能帮助企业成功触网的专业电商人才团队。

传统企业要触网是大势所趋，但如何触网，怎样避开触网误区？这些都是传统企业主们需要思考的问题。

第二章

触网原则：传统企业向互联网转型的六大原则

向互联网转型无疑是大势所趋，也是传统企业的出路。然而，并不是建个网站、做个 App、维护几个微信公众号就是互联网企业了。传统企业的经营理念、运营原则与互联网企业是不同甚至完全相反的。这也是为什么很多传统企业向互联网转型做得不好的重要原因。传统企业向互联网转型，首先要了解互联网企业遵循的六大原则，本章为您一一讲述。

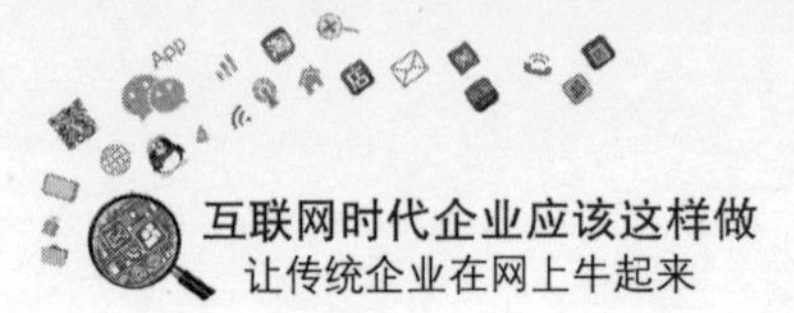

1. 专注：毕其功于一役，做到极致

何为专注？简单地说就是集中自己所有的力量去“攻打”一个点。在如今以网络制胜、以商业民主化为特征的互联网时代，产品和服务同质化现象越来越严重。因此一家企业如果不能找到一个专注点做到极致，使自己与众不同，给用户留下深刻印象，最终很容易就会以失败收场。

曾几何时，腾讯QQ战胜了ICQ和MSN等国际知名即时通信软件，成为中国人不可或缺的即时聊天工具。目前，几乎每台电脑、每款手机都装有QQ软件。

QQ为何能如此成功？这让很多人感到迷惑。确实，从功能上说，QQ与其他即时通信工具相比并没有什么特别之处。QQ之所以能够取得成功，原因并不在于它的功能如何强大，而在于它页面设计简约、极致，用户操作起来简单便捷。

相对于其他的即时通信软件公司，腾讯一直专注于QQ软件的极致体验设计。1999年2月，腾讯在互联网上推出了QICQ测试版，受到了广泛的好评。这个版本的功能只有简单的在线即时通信功能，但其界面设计却让用户称赞不已，如图2-1所示。直到现在，腾讯已经推出了几十个QQ版本，但其页面仍没有太大的改变，如图2-2所示。其后，腾讯又专注地以QQ为核心发展了许多极致的服务，如QQ空间、QQ邮箱等。每推出一项功能，腾讯都不断地将其做到极致。直至如今的微信，腾讯也一直保持着专注的态度为用户打造极致体验。

图2-1　腾讯1999年发布的QQ版本

图2-2　腾讯2010年发布的QQ版本

用极致的产品打动用户

不管是新型的互联网企业，还是传统企业转型拓展互联网业务，专注都是首要条件。新生的小米科技无疑就是专注的代名词，其总裁雷军认为，如果不专注，肯定做不好产品。可见，雷军对专注的理解无疑是小米手机成功的关键。

在专注之下，自然能创造出极致，而极致就是把企业和产品做得一个比一个好，一个比一个更能让用户“尖叫”。互联网时代的竞争是残酷的，任何企业要想超越竞争对手，第一选择就是把产品做到极致。

传统商业时代的竞争大多时候选择的是大打价格战，在同类产品中谁的价格低，谁的产品就受用户的欢迎。但互联网时代，它们所专注的就是用极致的产品来打动用户、聚拢用户。它们所推出的产品是免费的，然后在免费的基础上实行增值模式。以迅雷下载为例，它们提供软件让用户免费下载，然后让用户自行选择是否开通会员。开通会员可得到更快的下载速度，同时也可享受到免费用户所没有的待遇。

每一个细节都是极致的体验

在互联网时代，竞争比以往任何时候都要惨烈，企业必须秉持极致这一点，认真专注地对待每一个产品的细节。“把产品做到极致”的态度将会让用户更加愿意相信你，从而让你有更多成功的机会。

要做就做到极致，要做就做到最好。想做大事的人很多，但愿意把小事做得很细的人却少之又少。商场不缺雄才伟略的战略家，缺少的是对事情精益求精的执行者，小米科技的雷军无疑更偏重执行。

小米进入手机市场也不过短短的几年时间，但在中国市场上的影响力已经不亚于三星、苹果等这些国际品牌。是什么样的模式让小米如此成功呢？雷军在2014年中国IT领袖峰会演讲中解释了小米模式的定义，他认为像小米这样的模式就是“铁人三项”。简单一点来说，小米就是竭尽全力在以下三个方面下功夫。

一是用最好的材料去做最好的手机硬件。

二是在安卓系统基础上做小米系统。

三是以每周一次的速度进行更新，力求把小米系统体验做到极致，使用户体验远超其他同时期的手机。

例如，小米和一些免费Wi-Fi服务商进行了长期的合作，在一些机场、火车站、咖啡厅等公共场所，小米手机用户不需要提供账号、密码，只问用户需不需要接入Wi-Fi，用户只要点击同意接入，就能快速而便捷地使用免费Wi-Fi。这项服务在安全可靠的同时，为用户创造极致的体验。小米科技就是秉承着这种专注、极致、精益求精的精神，让小米产品为用户提供了极致的使用体验。

用一句话解决用户迫切的需求

解决用户每一个迫切的需求，一句话就可以让用户明白。要想做到这一点，自然离不开企业对产品的专注。

专注能创造出优质的产品，而极致能创造出用户迫切需要的产品，两者结合之下，企业就很容易拥有自己的用户群。也只有在这样的良性循环之下，企业才能不断地创造出让用户惊奇的产品。

企业在做产品时关注的用户需求一定要具有普遍性特点，这个特点是决定某个产品的未来市场前景以及企业如何专注地打造极致产品的关键。

站在用户的角度考虑问题，及时地解决用户的需求，小米在这方面也是佼佼者。小米在开始做手机的时候，税务部门只给了四五本发票。当小米手机销量超过200台时，就无法给用户提供发票了，这一点受到许多用户的诟病，甚至有人说小米偷税漏税。雷军深切地明白这件事情不解决不行。为此，小米公司花了几个月的时间与税务部门进行沟通协商，终于得到许可，可以自行打印发票。

之后，小米公司不惜成本用快递给先前的手机购买用户寄送发票，并附上一张温馨的贺卡，写着："让你久等了，亲，对不起！"还特别画了一张米兔图画表示歉意，同时还赠送一张手机贴膜。当用户收到迟来的发票和礼物时都特别感动，部分用户还在微博上分享这种感动，一时间又为小米营造了不小的声势。

极致是互联网产品的核心，只有极致才能打造出强大的用户口碑，并形成口口相传的良好效应。

当然，专注也不单单是指企业只在一个领域发展，或者只做一个产品。专注应该是毕其功于一役，做到极致。企业要找到自身的聚焦点，专注地将自身的优势发挥出来，做出最具特色且竞争对手无法企及的产品，唯有这样，企业才能不断进步、走向成功。

2. 无界：专业与人文、理性与感性的交汇

"无界"也可称为跨界，指的是企业要打破传统工业时代那种讲究严密、精确、控制的定式思维模式，从而找到专业与人文、理性思维与感性思维的融汇点。

互联网是由无数的节点相互衔接而成的，是无中心、无边缘的网状结构，这与人的大脑神经分布十分类似。在人们由传统逻辑思维向互联网思维转变的同时，也是从线性到混沌、从因果到相关的转变，更加依赖于经验与直接的感性思维，而非通过传统的理性思维模式的计算。

将两种思维模式融会运用，可以说是现代企业最为需要的。这并不是说互联网思维是以感性为主导，不需要理性与逻辑思维。在产品研发、制造的过程当中，企业仍然需要严谨的理性思维及逻辑思维；但从企业把握

用户的关注方面来看，也必须借助感性的思维来洞察人性。“微信之父”张小龙曾经说过一段话：“产品经理首先要成为一个文艺青年，要从文艺的、感性的角度来观察用户的内心。”

但是，要想将两种思维模式成功融合并不是一件容易的事情，因为理性向来会对人产生制约性。现如今，各个企业在技术手段方面的差距已逐渐缩小，企业的竞争力更多地来自对消费群体人性的挖掘与体悟。正像日本著名企业家稻盛和夫所说：“真理的布是由一根根线编织而成的，把各种事物的现象单纯化，会越来越接近其原始的面貌，也就更接近于真理。但我们往往想得过于复杂，反而越来越难以接近原始的东西。”

稻盛和夫的这一段话不仅适用于人性，也同样适用于互联网下生存的企业。怎样才能把握住人性？除了追求硬性条件之外，还要追求一种感性，一种文化，唯有这样才能真正地打动用户，使之成为企业忠实的粉丝。

2014年，可口可乐一次人文创新热潮席卷了整个夏天，如图2-3所示。依靠创意，可口可乐的“歌词瓶”创造出了一个新的销售奇迹。

图2-3　可口可乐“歌词瓶”上线，哪句歌词打动了你？

可口可乐的歌词大多来自时下很受欢迎的歌曲，如周杰伦的《听妈妈的话》、梁静茹的《勇气》、五月天的《倔强》等。对歌词的收集，可口可乐公司充分考虑了不同阶层和年龄段的人群对于流行歌曲的喜爱与认知，如70后喜爱的《阳光总在风雨后》、80后喜爱的《隐形的翅膀》、90后和00后喜爱的《时间都去哪儿了》等。

同时也有针对性别的歌词，如“因有自信所以美丽”、“做个好汉子”；也有应用于某一个场景与心情的歌词，如体现分手心情的“好心一早分开我”；还有适合友情的“有今生，今生做兄弟”等各具代表性的歌词。虽模拟场景不同，但其所表达的共同点却是相同的，每一句歌词都感情充沛，能引起广泛的共鸣。

消费者通过一句歌词可以联想到一整首歌的情境与感情，而这一首歌往往能唤起人对往事的回忆。这样，通过移情作用，一瓶印有歌词的普通可乐就变成了一个有活力、有感情的生命体。

持续的创新能力以及利用互联网的无界思维，可口可乐不断地用新颖的、人文的、感性的活动来打动消费者的内心，在传递正能量的同时，也塑造了自己在饮料市场上“领头羊”的地位。

互联网思维的“无界”指的不单单是互联网产品，互联网化其实是一个泛指，如极路由、智能手机，虽然是实体物品，但其本身也是互联网思维下的产物。甚至，一些大型企业，如ZARA、戴尔、沃尔玛也都与互联网思维有着不可分割的紧密关系。

以ZARA为例，这是一家非常重视互联网思维的企业，其对流行元素的收集，对极速供应链的管理能力，都充分体现出其对消费者人性的认识。如今，ZARA所代表的已经不单单是一种服饰，更多的时候它体现的是一种人文精神。

ZARA在专业的基础上赋予了产品一种思想：例如，时下年轻人对中国元素喜爱，其产品就加入一些中国元素。

ZARA将互联网的无界原则充分融入产品之中，打破了理性与感性、专业和人文的界限。

以顾客为中心，逆向思维的设计

ZARA旗下有200多位设计师，平均年龄只有25岁，他们敏锐、时尚，充分了解年轻人的思维。他们随时穿梭在世界各地的街头以学习最新的设计理念和潮流趋势，并与各个门店的ZARA店长进行实时的电话沟通，通过单品的销售量以及顾客反映，来灵活调整设计方向，进而及时推出针对性极强的时尚单品。

ZARA以顾客为中心，从门店处开始收集顾客信息，根据顾客要求，结合最新潮流，以最快的速度制作出顾客所喜爱的时尚单品。

环环相扣，灵敏严谨的供应链系统

在互联网世界竞争，快速可以说是必需的。当众多用户想要一件商品时的焦急心态，已经在时限之下造成了销售潮流，互联网人必须充分把握，谁能做到环环相扣，并拥有灵活快速的供应链系统，谁就能站在胜利的制高点。

显然，ZARA也是这方面的佼佼者。ZARA设计样品一出，就会立刻送到最近的制造工厂，电脑排版人员将布片拼贴而成，然后通过组合计算，让一大块布一次剪出最多的布片，以降低生产费用。（ZARA的一件衣服布料的成本有时可低至20元。）计算机作业的一秒起落时间，就可剪下超过百层布料，之后马上送到附近的代工工厂缝制。这一快速运作模式无疑与ZARA所追求的快速时尚是分不开的。

用互联网思维来了解其他行业也是无界，不只是互联网企业，传统行业也是一样，用互联网的无界思维来运营企业，更容易在不同领域发现商机，也更加容易成功。

3. 精益：迭代推进，臻于完备

精益是互联网不断向前发展的核心战略，但为什么互联网产品的发展核心是精益呢？这主要有以下三方面的原因：第一，精益是创业过程中的必要条件；第二，在创业过程中，真正能将精益做到位的企业少之又少；第三，如今的互联网文化是以用户为中心的，早已过了厂商为王的时代，人们对于精益的认识也发生了巨大的变化。

精益与产品自身息息相关，是在用户需求的基础上不断地对产品加以迭代推进，使之臻于完善。互联网时代追求的是快速多变，先开发再上市的模式已经很难适应时代的发展潮流了，迭代递进才是互联网时代企业的生存之道。

互联网正不断地对传统的商业形态发动迅猛攻击，消费者的话语权也随着互联网的发展变得越发重要。随着时代潮流，大众的审美观念一直都在不断追求着精益化。例如，不用多费脑子思考的娱乐节目，更加简单直白的互联网沟通平台模式，省略了许多中间环节变得更加直接的新型购物模式，有足够品牌支撑就尽量简洁明了的产品说明等，各种各样的现象都说明了消费者对于精益的追求。这种对精益的追求已形成了一种趋势，并会在不久的将来全面覆盖消费者的世界。

如今，可供消费者的选择越来越多，但消费者花费在选择上的时间却越来越少。相应地，消费者的耐心也越来越差，最后导致的结果就是转移成本变得越来越低。所以要抓住消费者的心，就要让消费者一眼看中你的产品，要做到这一点，就需要商家具有充分的精益思维。

支付宝对精益的追求显然很值得其他企业学习。支付宝最初的操作方式是首先进入“我的支付宝”页面，最上一排是简单明了的导航栏，左边则是非常显眼的目录，右边是功能模块，中间部分则是内容页。支付宝的页面与其他网站的个人用户页面相同，是互联网界的“标准配备”。但随后，支付宝通过不断地迭代更新，用户能够随心所欲地根据主题背景将配备升为顶级模式。

支付宝已诞生10年，这10年间阿里巴巴是否还在坚守阵地，继续保持着精益、简单的优良传统呢？答案是不言而喻的。支付宝登录界面如图2-4所示。

图2-4 支付宝2014年发布的登录界面

2013年7月，支付宝在经过不断地迭代更新后，终于成功地打造出了“疯狂精益”模式，把所有功能导航分成“账户现状”和“资产动态”两大部分，这些不单单是对页面的精益追求，也是对用户进行了充分观察后所迭代更新出来的完美产品。

精益也是简约，怎样才能体现出一款产品既简单又好用的特性呢？产品需要符合以下三项要求。

看起来简洁

产品要一目了然，用户一眼就可知其中的内容。把简洁易懂的页面呈现给用户，把极致的产品提供给用户，把复杂的组织和逻辑留给自己。

腾讯网可以说已经是第三代门户网站了，第一代是以新浪、搜狐、网易为代表的门户网站，第二代则是以263、21cn为代表的门户网站。但现在腾讯网显然有超越“前辈”的趋势，这除了有QQ用户基础庞大的因素之外，与其网页设计的简单明了，用户一眼就能明白其内容也有很大的关系。

用起来简化

用起来简化，意思是产品的所有功能都要一键到底。用户在操作前不用再去考虑复杂的顺序，或先熟悉功能的位置，只要一键就可直接满足自己的需要。

例如，现在与QQ一样成为人们生活不可分割的一部分的微信，就充分体现出了其对于精益思想的追求。微信的“摇一摇”到底有多少人摇过？先不论用户为什么要使用“摇一摇”功能，只说这个产品的界面。微信界面没有任何按钮和菜单，也没有其他的入口，只是一张简单的图片，用户只要做一个动作——“摇一摇”，就可以完成整个操作流程。这个动作简单、精益，不用任何学习过程，也无需任何文字解释。微信在“摇一摇”功能上的设置，完全体现出了微信团队对于“精益”二字的追求。

说起来简单

传统的宣传模式现今已经不再吃香，例如，广告传播、品牌传播等传统商家所用的传播方式比起之前已经大大降低了效果。现在最有效的一招就是“一传十，十传百”的口碑传播，也就是企业让客户快速看到自身所提供的产品与服务，并方便其用简单的语言来描述，进而促使其主动向外界进行传播。

腾讯网不仅强调页面的简单明了，同时也强调即时性、互动性、简约性，利用QQ及时向用户推送最新新闻。

浏览腾讯网的新闻非常简单，用户启动QQ之后，就会自动弹出腾讯网迷你首页，不需要再动手操作。而且只要用户一直处于在线状态，腾讯网就会将最新的消息自动弹出来，并向所有的用户开放订阅功能。订阅后，所有的个性化新闻就会在第一时间在用户电脑页面弹出，这就是最精益化的新闻投递。

浏览腾讯网新闻就是这么简单明了，并且大多数人用简单的一句话就可以概括出其所有的操作流程。

“方便、简单、精益”，一直是互联网商家所追求的产品效果，每一个成功的产品都应该体现对人性的透彻了解。因为“人性贪懒”，所以才有了人类文明的进步；因为不想费力地提水，才发明了水管；因为不想走路，才发明了汽车。所以企业要想与人类文明一样不断地进步，就必须明白简单、精益的规则。规则是简单的，但只有简单的规则才能演变迭代出复杂的事物，直至最后没有任何演化的空间，极致产品也就诞生了。

4. 传播：有爱就有传播

总体来说，互联网企业的产品都自带天然的媒体属性，它们一般具备两个方面的特点：一是让用户感到极致的产品体验；二是对用户发出强烈的情感诉求。

那么，互联网传播的本质是如何体现的呢？它自身又需要带有什么样的特质呢？其实，纵观这几年有着极好传播效果的产品，都离不开“爱”

这个词。所以，互联网时代产品的传播原则是：有爱就有传播。

“有爱”两个字虽简单，但它的意蕴却不简单，可以说“有爱”是一家企业、一款产品赢得用户口碑传播的关键所在。

企业在推出产品时要做到两点：一是将麻烦和风险永远留给自己，而将极致的体验留给用户，才能让用户赞叹，情不自禁地爱上你的产品，并且收获“一传十、十传百”的传播效果；二是在打造产品时加入“爱”，让冰冷的产品能传递情感，从而打动用户的心。

为什么ROSEONLY会传播得那么迅速？尽管其中包含了不少炒作的成分，但它确实将产品做到了有爱与极致这两点。

ROSEONLY花店属于网络高端品牌花店，旗下的产品全都选择国外高品质的玫瑰花打造，并且在客户订购后都会用精美包装礼盒送达。但这样的花店并不少，为什么ROSEONLY就能做得这么火？因为该花店拥有最为独特的营销点：“在店内买花，一生只送一人。”如图2-5所示。

通过在官方微博及网站中发出声明：“在ROSEONLY购买玫瑰花，只能送给唯一，并实行实名制登记。”ROSEONLY向用户传递了一种情感的诉求：“ROSEONLY见证，你是他此生的唯一。”

图2-5　ROSEONLY专爱版玫瑰

这样独特的定位无疑让ROSEONLY与众不同，并让人产生强烈的感情依附冲动，使人不自觉地对它喜爱。

2013年2月，ROSEONLY官网正式预售99盒情人节玫瑰，很快就被人抢购一空。ROSEONLY创始人蒲易在其微信朋友圈进行全面的推广，他身处的时尚、互联网、电商、奢侈品品牌圈子成了第一批ROSEONLY信息的接收者，王小川、刘畅、龚海燕等互联网知名人士都进行了积极的转发。

随后，其独特的品牌定位让明星也成了传播主力。从情人节、白色情人节一直到母亲节与七夕节，林志颖、李云迪、李小璐、杨幂等众多明星都在微博上晒出ROSEONLY的玫瑰；李念的弟弟李思带着ROSEONLY玫瑰上《非诚勿扰》电视节目登上了热门微博榜单；郭敬明电影《小时代》中插入的ROSEONLY玫瑰情节让更多的普通民众知道了这一品牌。

明星在社交媒体上的传播效果是非常惊人的，常常只是一张图片或是一句话，就能为ROSEONLY带来数万粉丝的关注。

有人将ROSEONLY比喻为爱情唯一建造城池。这个时代经济文化的发展给人带来了众多快捷消费品，在这样的文化影响下，慢慢地爱情也成了快速消费品之一。有许多人渴望唯一的爱情，但想要拥有却无比困难，又或是拥有了却不敢相信。蒲易正是抓住了人们的这一普遍心理，推出了玫瑰与唯一的话题，让“有爱”成功地成为传播利器。因为不仅是普通人，就是那些身处娱乐圈中的明星也渴望唯一的爱情。

当然，除了在产品中植入“有爱”的情感诉求外，极致的产品体验也是ROSEONLY大红大紫的原因之一。

ROSEONLY选择世界上玫瑰的优质产地厄瓜多尔的玫瑰品种（过去该地玫瑰的消费市场主要集中在欧洲和日本，从未进入过中国，这一点与中国人“物以稀为贵”的观念契合）。厄瓜多尔的玫瑰产自亚马孙河流域，生命力旺盛，将之冷冻再海运到荷兰拍卖后，仍可以完美地保持一周的新鲜。与中国内地低廉、花期时间短的玫瑰不一样，厄瓜多尔玫瑰的特性保证了ROSEONLY的品质。

ROSEONLY的成功很好地说明了互联网传播的特质：“有爱就有传播”，让“爱”成为传播的一种方式。

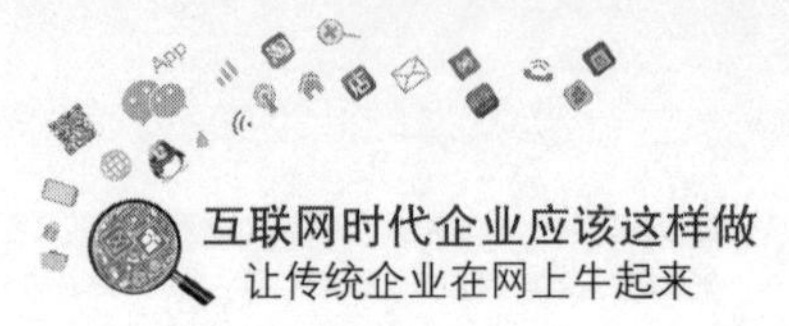

细节“有爱”更重要

许多企业也和ROSEONLY玫瑰一样，面对传播格局的剧烈变化，自身产品的传播方式也发生了巨大的改变。互联网时代重要的一个传播方式是口碑传播，口碑传播与之前的广告轰炸式传播最大的不同就在于“无法强制”，无论是在微博还是在微信产生的巨大传播效应，都是打动用户后形成的自愿传播。

以杭州知名的包子连锁店甘其食为例，其店内的包子与其他知名包子并没有多大的区别，一样都是选料精致、做工精细，但甘其食最根本的优势并不在此，而在于“有爱”。甘其食当天的包子没有卖完一定会立即处理掉，绝不会留到第二天。在操作流程方面，12秒内就能完成交易，减少了用户等候的时间。甘其食还为员工提供贴心的宿舍。甘其食表现出来的每一个细节都让人感到这是一家高品质且充满浓浓人情味的有爱企业。

去过甘其食的消费者和甘其食的员工一般都会不自觉地对它进行传播。经过口口相传，甘其食的有爱特点被不断放大，品牌差异点也就越发凸显出来，随之而来的巨大成功也就顺理成章了。

生活化媒体形成的自传播

社会化媒体孕育的高潮、能量直接落地的结果就是化为销售力。产品在社会化媒体上的广告会在社群中引发共同关注和讨论，如果产品拥有极致的体验就能在社交媒体上持续发酵，最后引发全媒体的共同关注。这种方法是成长型企业在互联网时代所具有的新型传播方式。在互联网时代，企业面临的难题是用户可选择的东西太多，而自媒体的特点就是它无时无刻地存在于人们的生活当中。企业的产品在媒体上一推出就会引起许多人的关注，但这些人能不能为企业的产品兴奋起来形成自发的口碑传播，就要看这款产品和话题内容设计得够不够极致了。

例如，小米每推出一款手机都会在媒体上引发持续性的话题热潮，就是因为小米科技每一次推出产品时所设计的话题内容的独特性引发了大众的兴致，进而用小米手机的极致体验感征服用户后，用户就会不自觉地为它传播。

在互联网时代，人人都是自媒体，人人都是传播中的一个环节，怎样才能产生巨大的传播效益？这就需要看企业的产品是否能带给用户极致的体验感以及有爱的情感诉求了。

5. 协作：传统组织的变形与再造

什么是互联网协作原则？协作就是指利用互联网进行组织变革。在互联网时代，企业为了降低沟通成本，实现快速有效的市场反馈，应充分调动起全体员工的积极性与能动性，尝试构建一种以开放、平等、无层级观念为特点的组织平台。

商场如战场，非常残酷激烈，其变化莫测的市场走势常使许多企业疲于奔命。然而最为糟糕的是，当变化发生时，很多企业却毫无察觉，导致被竞争对手甩在后面，甚至在商界消失。例如，曾经在手机市场排行老大的诺基亚就是一个活生生的例子。

敏锐的观察力和较强的学习能力是身处商场的企业主们必须拥有的。仔细观察不难发现，在互联网的冲击之下，一些传统企业也在悄悄地发生着改变。

例如，传统企业一般都会设置门面和前台，有固定的营业场所，但现在很多互联网化的企业正在发生着改变，有的企业已经没有前台这一职位。等级森严的层级体系也早已被打破，总经理、副总经理之类的职位也在企业中消失无踪，创始人制、合伙人制渐渐取代了金字塔形的垂直管理体制，甚至有不少软件企业的CEO没有自己的办公室，他们和其他员工一样聚集在一起工作。

互联网的变革在一些企业中所形成的改变是令人欣喜的，因为这种改变为一些传统企业带来了新气象和更高的利润额。

互联网不仅给大型企业带来普遍的影响，即使对一些私企、个体户，甚至是打工者也有着非常明显的影响。

2013年网上一篇名为《微信的哥月入万元》的文章被炒得沸沸扬扬，“微信车队”的发起人蒋烨一时间成了网络红人，为网友所熟知。在一次腾讯访谈中，他还问网友有没有人可以帮他的微信车队建个网站，帮助微信车队更加网络化、信息化。

有热心人非常看好蒋烨的提议，于是就帮其建立了一个官方网站。官网的开发很顺利，第一版微信车队网站虽然只有简单的车队司机个人简介、车队日记及乘客留言等，但是后来通过不断地开发与寻求合作，蒋烨的微信车队网站已经运营得非常成熟，如图2-6所示。

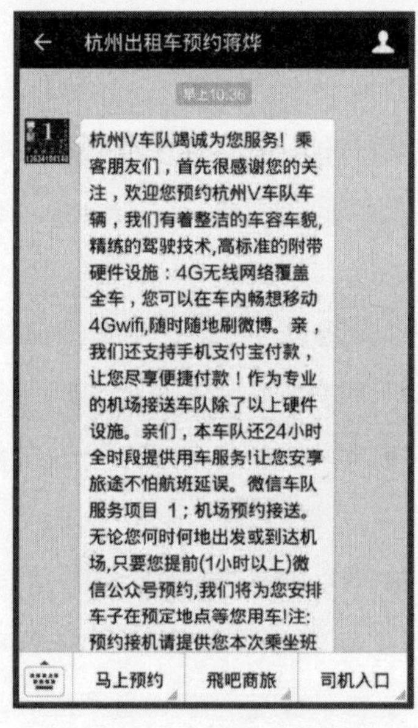

图2-6 杭州微信车队蒋烨

经过媒体宣传，微信车队的名气越来越响，很快就有100多个司机加入进来。虽然后来团队在与乐搭合作时发生了分歧，但是微信车队还是在曲折中前进。

之后，蒋烨为了解决订单分配问题，激励司机分享预约订单，并开始对官网进行二次开发，增加了乘客机场预约功能以及司机线上抢单、发单等新功能。司机在抢单之前还可以清楚地看乘客预约详情，同时乘客也可查询、取消订单。接着又增加了司机抢单积分系统，分享订单可获取积分，抢单则会扣除积分，管理员可在后台清楚地知道司机抢单、发单的情况，并以此为据对分享订单的司机进行奖励。

2013年10月，微信车队依靠新的管理模式不断发展壮大，在业内享有很高的声誉。这时，微信车队迎来了一个新的起点，决定与之前指点过自己的“快的打车”进行全面的合作。打通微信车队官网与“快的打车”的联络渠道，将微信50元订单转发给使用“快的打车”的司机，而“快的打车”则将机场预约订单留给微信车队，同时“快的打车”负责微信车队官网的后期维护升级。至此，微信车队通过协作思维进行变形与再造，让其发展又向前迈进了一大步。

与企业运营配套的管理机制是分布式社会化协作非常重要的方面。随着用户的增多以及任务类型的不断增加，这种协作模式也必须变得更加完善才行。

互联网协作思维对传统企业的变形与再造无疑起到了巨大的作用，许多企业都在利用这一思维为自己服务。

捆绑式协作营销

选择好对象进行合作，打破旧有格局，是传统组织变形与再造的决定性关键点。怎样合作？与谁合作？合作后怎样创造最大的效益？无疑是每一个企业需要考虑的问题，而恒大在这方面无疑给业界做了一个很好的示范。

2011年11月9日，广州恒大获得中国足球历史上第一个亚冠奖杯。所有中国球迷都为之沸腾，恒大也因此一战成名。

与恒大足球紧密相连的恒大冰泉矿泉水也借助这次东风迎来了新机遇，亚冠赛的胜利无疑是恒大冰泉品牌最好的免费广告。正如恒大当家许家印所算的账：在央视打广告，1秒就要十几万元，但恒大的一场球就有几十家电视台进行现场直播，300多家媒体对之进行报道，11名运动员穿上印有恒大标志的球衣，这比简单地做电视广告效果好多了。

线上线下整合营销

现在是互联网信息时代，传统企业要想向互联网转型，绝对离不开新兴的互联网应用平台，而微博无疑是商家宣传产品的一个很好的选择。恒大在这方面的表现也堪称优秀。

每一场比赛，恒大官方微博都会进行同步播报。2011年11月9日，“这一夜我们征服亚洲！下一步我们走向世界！”这样一条带有口号性质的微博获得了7 000次的转发量。

恒大这一线上线下整合策略为恒大冰泉带来了高度的曝光量，大大地提升了恒大冰泉的品牌知名度。

恒大所取得的宣传效果将互联网的协作原则完美地展现了出来，打破了传统企业的宣传老路，无疑是对宣传手段进行了一次全面的革新。

对于许多传统企业来说，向互联网转型的任务是艰苦困难的，但又是必需的。对于有志创新的企业来说，也不妨运用互联网去改造传统运营中的一些弊病，从而拥有一个较高的起点。

6. 快速：想到就去做

“天下武功，唯快不破！”小米科技创始人雷军将这句武侠电影中的台词奉为圭臬。他认为不单是武功，做生意也一样，都需要速度。“快速，凡事想在别人的前头，并且想到就要去做”，这是他能利用互联网获得巨大成功的秘诀之一。

雷军的这一观点得到了许多人的认同，也经受住了实践的检验。没错，企业在快速发展时所承受的风险往往被压缩到了最小，一旦速度放慢，所有的问题都会暴露出来。同时，如果企业有新的创意，就要快速投放市场，否则时间一过，新的创意也就变成老旧的思想了。所以，无论是在工业经济时代还是互联网经济时代，企业都应该注重快速原则——越快，承担的风险越小；越快，越能抢得先机。

最初，百度李彦宏等人提出“互联网思维”这个词时，人们觉得非常陌生，直到近一两年新型互联网企业的风生水起，而传统企业又暴露出来种种问题，人们才明白过来，互联网思维所包含的特质才是一个公司迅速发展的秘诀。

企业要做产品，就要和用户进行互动，在把产品做到极致的前提下，还要强调快速。传统企业向互联网转型，亦有其先天的优势，因为它们具有非常缜密的工业思维和踏实肯干的精神。在这种优势之下，一旦掌握了互联网思维方式，就一定能在转型中胜出。

传统商业思维做产品的方法是不断完善产品，等到将产品打造完美时再上市。如果上市后用户对产品还是不满意，再进行修改、完善，直到研发出下一代产品。但互联网思维却选择与之截然不同的方法，互联网思维讲究的是快速，想到就要去做，用最快的速度将产品投向市场，然后通过用户参与

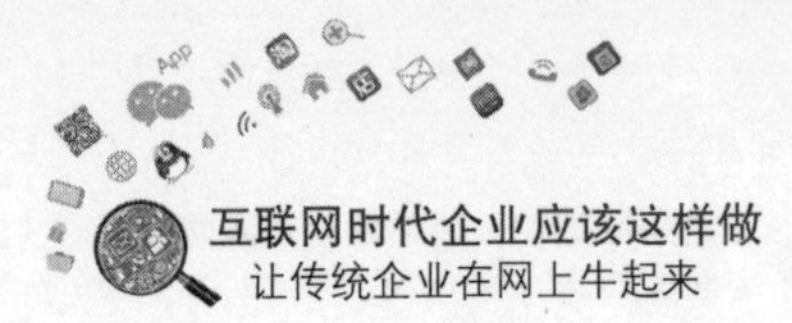

后所给出的评价，再进行修改，从而实现产品的优化和快速迭代。

互联网思维下的这种快速迭代模式，使用户看到许多互联网产品会推出很多种版本，通常有测试版、封测版、公测版等。

互联网思维强调的是快速，如果你不快，那刚研发的产品还未推上市场就已经落后，也就是说你这款产品已经失败了。

快速，想到就要去做，才有机会抢得先机。做“第一个吃螃蟹的人”往往能获得意想不到的成功。如果发现了一个商机，犹豫不决或是前怕狼后怕虎，那么成功的概率就会随着时间的流逝越来越小。

如今的商界言必称互联网思维，许多商家都讲求快速，以先抢先得，只有想不到的，而没有做不到的。就如青岛啤酒，就是一个讲究快速的企业。

其实，在被电商充斥的近几年时间里，几乎所有的国内外啤酒厂商都与互联网企业有了合作。毫不例外，青岛啤酒也是其中之一，而且表现得相当优异：在2013年的天猫“双十一”大促销中，青岛啤酒以优异的成绩将啤酒类销售冠军纳入名下，如图2-7所示。

图2-7　2014年11月11日青岛啤酒与天猫再度联手

不过，这样的成绩并不能让青岛啤酒感到满足，其真正想做的是将青岛啤酒做成符合互联网的定制产品，成为真正的互联网啤酒。

青岛啤酒和京东、天猫、亚马逊实现了开创中国互联网生鲜配送的先河——当日生产、当日配送。用户从下单到收货的时间严格地控制在24小时之内，基本上用户在下完单十几个小时就能喝到青岛生鲜啤酒，这几乎称得上是在“生产线上喝啤酒”，真正做到了顾客定制、O2O模式，达到无界、极致的快速服务。青岛啤酒携手京东冷链推出配送当日原浆啤酒的活动重新定义了“新鲜”的标准，并把这一数字量化定格在24小时之内。

青岛啤酒挟啤酒第一品牌的优势与互联网相结合，发挥了互联网“快速，想到就去做”的优势。这一优势所体现的想象空间及市场前景的广阔，都是令人非常向往的。

像青岛啤酒一样利用互联网，运用互联网思维去提高自己的销售量是非常可取的，但并不是所有的企业都能取得预想的结果。传统企业做不熟门、不熟路的互联网已经非常辛苦，他们非常急切地想要利用互联网方式去改变企业的一些经营、生产甚至是盈利模式，但过于急切往往容易导致转型失败。所以说，在迈向成功的过程中，企业主们在讲究快速的同时，也要讲究有备而战。

重视用户，及时沟通

一个产品推出后，企业要与用户进行及时沟通，再根据用户的需求快速地进行改进迭代。如果在迭代过程中稍微慢了一步，那么其他产品有可能就将你远远地甩在后头。所以，与用户进行及时沟通，注入他们的情感诉求，再建立自己的粉丝群是非常重要的。

QQ的迭代速度和腾讯与用户进行及时沟通的速度是分不开的，QQ每推出一个版本，都会在其官网上设置用户评论反馈专区，通过用户评论再快速地对产品进行迭代更新。

快速试错，快速换代

以前的手机上市后，出现的弊端只能留给下一版手机来弥补，谷歌的安卓系统更新速度甚至慢到每半年一次，这样的更新速度所带来的结果就是，无论你之前所推出的版本有多好，但总有不完美的地方，而用户的这种不满意将会持续半年时间。这样，用户的流失时间也会持续半年。

但小米手机却不同。小米会在中国成为三大手机品牌之一，自然有其优秀之处。MIUI系统更新速度创造了互联网界的新纪录——每周进行一次升级更新，它是全世界第一个实现每周升级系统的手机品牌。

在互联网时代之下，如果谁还在拒绝快速，那么他必定会将成功从身边推离。没有谁能一次性解决所有的问题，也没有谁能一次将所有事情做到完美，唯有不断快速迭代，想到就快速去做，才能不断进步，才能跟上时代潮流。反应慢的人永远只能固守原地，只有敢于突破才能在不断改变中快速前进，直至独占鳌头。

第三章

>> 运营思路：传统企业向互联网转型的六个运营思路

很多企业转型的经验告诉我们，用传统的运营思路去做互联网是不行的。互联网有它独特的运营思路：互动、免费、平等、跨界、开放、整合。传统企业触网，就一定要了解互联网企业的运营思路，顺应互联网的发展趋势，让企业发展到一个新高度。

1. 互动：注重互动，而不是单向传播

在传统媒体时代，话语权基本上都掌握在广告主的手中，无论是报纸、杂志，还是电视或广播，广告主把发言的事务全都揽到了自己身上，而消费者在毫无选择的情况下充当了接收者的角色。这是传统信息传播不对等造成的，也是时代的局限。

在这种情况下，企业主和消费者处于一种分隔状态，缺少双向的沟通机会和渠道。企业主为满足自己销售的目的单方面地对消费者传播信息，但他们很难接收到来自消费者的反馈信息，而消费者也很难和企业进行深入的交流。双方无法互动沟通，这就造成了营销和营销传播过程中的信息垄断和信息不对称的局面。这种局面对于双方来说都是不利的：企业主强制性单向传播，让消费者失去了选择的权利，导致其容易对企业产生不信任感甚至是厌恶感，从而不愿与企业进行互动。

随着互联网时代的来临以及新媒体的不断发展，互动的重要性也越来越明显，企业与消费者的交流互动成为一种大趋势。不谙此道的企业必然在营销方面进退失据。

现如今，消费者与信息传播的关系已经密不可分，已经是信息传播的一部分。企业主已无法再扮演让人厌恶的老王卖瓜的角色，而是需要融入消费者群体中，使自己的声音与消费者的声音合为一体。换句话说，在互联网环境下，消费者已经成为一个企业生存的主体。

这种互动的重要性从前段时间风靡全球的“冰桶挑战”中可以体现出来。

ALS冰桶挑战最初是在美国名人圈里举行的一项慈善活动，此活动的目的是让人们关注“渐冻人”。这项慈善活动得到了美国各行各业知名人士

的支持。许多名人都参与了这项活动，娱人娱己，又表现了善心，何乐而不为？特别是看到比尔·盖茨、鲍尔默、扎克伯格、库克等互联网大佬变成落汤鸡的模样，让许多人都感到这项慈善活动的有趣之处。ALS冰桶挑战在新浪微博话题的体现如图3-1所示。

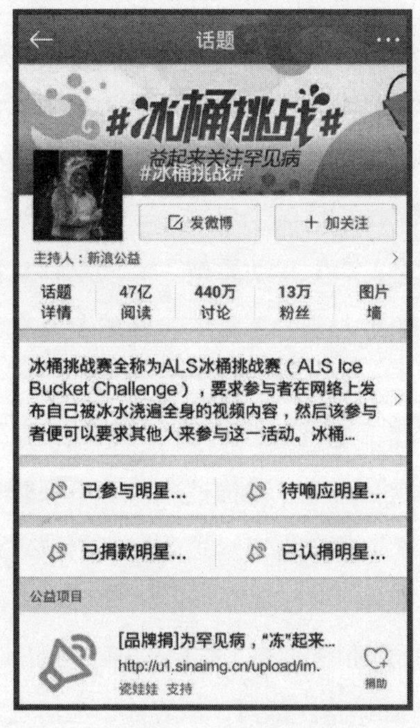

图3-1 ALS冰桶挑战在新浪微博的话题

冰桶挑战的玩法是接受挑战后再@三个你指定的人，如果不接受冰桶挑战可选择捐款，然后接着@三个人。在这样的循环之下，冰桶挑战取得了很好的效果，在中国也风靡起来。

一个以几乎零成本的模式引发了巨大的互联网传播效应，其连锁反应让ALS协会和全美分会在半个月的时间内就收到了近400万美元的善款，与上年同期相比增长了四倍之多。

为什么一项小小的互联网活动能产生这么大的效应？除了具有互动性

之外，还有非常重要的三点：第一是不走脑特质，即对产品的设计一定要简单直观，要减少大众参与的脑力成本，不需要过多地考虑事情的复杂性。冰桶挑战的参与方式很简单，只要将一桶冰水直接浇到身上，再将视频上传到社交网站，然后@三个好友就行了；第二是娱乐特质。冰桶挑战非常有趣，看名人们在冰水之下的各种糗态，普通人大笑之余也对该活动产生了兴致；第三是炫耀特质。冰桶挑战的设计目的就是让更多的人关注和了解“渐冻人”这个群体。所以要把这个活动做红做火，就需要口碑传播，而其所依靠的是互动和参与感。那如何打造参与感呢？一件事能在互联网上被放大，最好的效果就是“炫耀”，特别是这种带有善心与娱乐性质的“炫耀”，更能让人产生互动愿望。有网友评论说：“如果你安安静静地捐钱，没有在网络上大肆‘炫耀’，你的朋友会知道你是好人并参与其中吗？”

单向传播早已不能适应互联网时代，只有让用户参与其中，产生互动，才能达到最好的传播效果。冰桶挑战活动所展现的互联网特质完全可以应用到各个企业的产品营销当中，企业能与消费者进行良好的互动是新时代最好的营销模式。

只有让消费者成为企业的主体，才能产生强大的效益。作为企业，可以借助一些新媒体手段，如微信、微博、博客等，与消费者展开互动。

消费者的选择与搜索

在电视媒体中，消费者可以利用遥控器来选择自己喜爱的电视节目；而在网络当中，消费者也可选择自己所需的内容。对于企业，则可根据消费者利用搜索引擎的搜索记录发布相关关键词广告，这些选择和搜索推广的方式为企业节省了大量的成本。新时代消费者的选择和搜索方式充分表现出了在互联网时代他们已经开始掌握消费自主权。作为企业可以就这一点利用新媒体与消费者进行良好的互动。

如在淘宝上搜索“羽绒服”，就会弹出大量的羽绒服页面，而不会出现与羽绒服无关的连衣裙、裤子等，这大大节省了消费者的搜索时间。选择某款商品之后，如果有用户对这件商品进行了不满评价，会很大程度上影响后来的消费者。而商家可以与消费者沟通，根据用户的建议改良自己的产品或是营销方式。

利用新媒体打造互动传播方式

一般消费者多少会对企业和媒体的宣传报道持怀疑态度。作为一家成功的企业，一定要学会与消费者进行良好的沟通。通过网络媒体，如博客、微博、微信等，人人都可发布信息，与别人进行随意的讨论。每个人都有发言权，每个人都是传播的主体，随时都能把一个产品的好坏信息传播给他人。这在很大程度上影响了企业产品的销量。

企业可以在微博上发布相关的专业知识让消费者了解，争取用户的注意，并与他们进行平等的互动交流，从而形成自己的消费圈。

例如，在微博上很火的护肤品牌稚优泉，就是依靠与消费者的积极互动，让消费者不自觉地对其产生信赖感，从而成功地巩固了自身的品牌地位的。

现在乃至未来，所有的商业都会转向“每个个体、时刻互联、各取所需、实时互动”的互联网状态。所以，企业在互联网传播过程中一定要避免单向传播，要注重与消费者的互动性。

2. 免费：推崇免费，而不是收费

互联网思维为什么会越来越火？因为在它影响下的互联网企业不仅能为用户提供极致的产品，而且还能让用户免费使用，同时，企业在这种免费模式下仍然可以获得巨额利润。这种免费的经营模式，在传统商业世界中是绝对不可能出现的。

免费是近年才出现的一种新型的商业模式。最初，一些企业认为这种免费模式不过是一个噱头，其本质还是收费。抱着这种想法，一些试水免费商业模式的企业，后来在巨额利润的诱惑下开始收费。这在无形中限制了企业的发展。

企业的经营者认为商业目的当然还是赢利，否则拿什么维持企业的运营呢？而现在很多人都知道，免费商品模式的赢利点并不在于产品的利润，而在于能以其他方式实现赢利。

在当前到处充斥着免费营销的情况下，企业的产品在推出时实行全部收费模式，其失败的概率是不言而喻的。

传统行业实行免费模式为什么会很困难？那是因为许多传统模式难以转移产品的高额成本，并对外实行封闭式的协作，对内又实行小范围的协作。传统企业的这三种特质在互联网免费思维冲击下成为致命的弱点。互联网思维提倡产品免费，注重开放以及大范围地参与协作，与传统行业形成了鲜明对比。所以，这也就是互联网的免费模式能大行其道的原因之一。

当然，推崇免费并不是主张企业不追求赢利，赢利是经营企业的最终目的。那怎样才能利用免费思维获得更大的利润呢？这种推行免费却能赢利的模式在淘宝网已经运用得非常成熟。

天猫的知名皇冠卖家“艺福堂”是杭州艺福堂茶叶有限公司在2006年创立的自有品牌。2006年，艺福堂老板李晓军看到了电商发展的大趋势，于是抓住时机在阿里巴巴和淘宝上开了网店，准备在网上销售茶叶，继而成为淘宝首位皇冠级茶叶卖家，并获得淘宝茶叶类标王荣誉称号。现如今，艺福堂的茶叶已然成为“网络第一茶叶品牌”，销售量长期稳居淘宝第一位，其旗下每一款产品的月销量都以百万件计。

2013年的“双十一”，艺福堂在一天时间里的全线商品交易总额突破

1 000万元，曝光数突破11万件，平均每分钟就能产生6 954元的销售额，总共有242 107人参与了抢购活动，刷新了中国互联网茶叶网络交易纪录。而在刚刚过去的2014年的“双十一”，艺福堂同样保持了销售霸主地位，如图3-2所示。

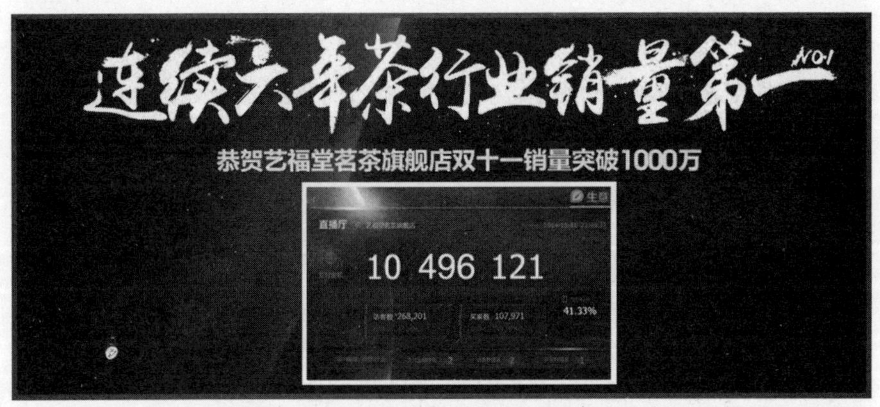

图3-2　2014年11月11日艺福堂销量持续第一

为什么一家小小的网店能产生堪比大型企业的利润？艺福堂CEO李晓军功不可没，他在艺福堂将免费思维运用到了极致。

在艺福堂创立之初，李晓军就在淘宝上策划了一个免费试喝的活动：买家只需要付五元钱邮费就可以免费领取店内的茶叶。这个付邮免单的活动很快在淘宝上引起了广泛的关注，许多淘宝买家都新奇于这一模式。免费在当时的淘宝网非常少见，对买家来说，只需要付个邮费就可以喝到好茶，何乐而不为？如果产品好，买家可以下次再到店内购买，如果不好喝也就是几块钱邮费的事。李晓军的这一做法消除了买家第一次接触卖家产品时容易产生的怀疑心理。

许多买家在购买时都会有这样一种普遍心理，担心产品质量不过关，而退货又比较麻烦。在这种心理作用之下，买家的消费热情就会大大降低，从而影响到卖家整个店铺的销售。而李晓军的免费试喝方式迅速打破了消费者这一心理障碍，使消费者的购买欲被彻底激发出来。

李晓军在推广免费试喝活动的同时，也推出了无条件退货的规则。他提出，只要购买艺福堂的茶叶，若是喝起来不满意或是发现价格比实体店卖得贵，又或是有别的任何不满意的理由，都可以申请退货。艺福堂不仅全额退款，还承担邮费。

李晓军抓住了淘宝网上其他茶叶卖家的经营空白，实行了免费模式，所以造就了如今艺福堂“网店第一茶叶卖家”的地位。

零利润也是一种免费

其实对于免费这个策略，从广义的角度来看，零利润也是一种免费。平进平出，以不赚钱的成本价格销售，如今许多刚起步的网店都在采取这种免费模式，这对其品牌的信誉提升有很大的帮助。

例如，著名的内衣品牌都市丽人，它在进驻淘宝或是其他电商之初就采取了零利润模式，打造了几款成本价格爆款，价格足足比实体店便宜了50%。这一模式让都市丽人在短短几个月内就提升了网店的排名。

在别人收费处免费

企业要想向互联网转型，就得先学会互联网的这种免费思维。要知道，想取得良好的宣传效果，最直接有效的一招就是在别人收费处免费，在别人赚钱的地方不赚钱或是亏钱。

虽然这种商业模式完全颠覆了现有的商业模式，但在互联网世界中已经成为了常态。当年，奇虎360与腾讯QQ的迅速崛起就是利用了这一招。当时别的杀毒软件和即时聊天工具收费，它们则反其道而行之，实行全面免费模式。这让他们的产品在推出后迅速拥有了大量用户。

免费虽然没有收取费用，但不代表不赢利。其实互联网的免费模式就是先不让用户自己掏腰包，但只要这款产品成为了用户生活中的一部分时，用户自然而然就会需求产品的延伸服务，而用户在产品上创造的内容比产品本身更具有商业价值，这就是互联网的免费模式能赢利的原因。

虽然互联网企业的成功和免费与收费的关系并不是绝对的，免费不是互联网企业成功的唯一因素，但是这里面体现着用户价值。而用户价值的体现是互联网企业成功的必然因素。免费模式给用户创造的价值典型且有效。企业要想迅速获得成功，借鉴互联网企业的免费模式无疑是一种很好的选择。

3. 平等：强调平等，而不是层级理念

在互联网时代，任何人在信息面前都是平等的，不管是谁，无论身份、地位、财富如何，是家财万贯还是一贫如洗，在信息面前是没有太大差异性的，套一句俗话："信息面前，人人平等。"

但在传统商业思维中却不是这样，它们强调层级理念，强调将产品单向地推给用户，用户唯一的作用就是充当购买者或是使用者。用户难以参与产品的开发过程。

互联网企业每推出一款产品时都会不断地进行产品的迭代更新，其成功的前提就是对用户话语权的开放，与用户平等对话，让用户参与到产品的开发中来，对用户所提出的建议进行试验，在不断试错后推出趋于完美的产品。

这种互动模式作用很大，在微博上许多明星就是借助这种与网友的平等关系来为自己积累人气。

例如，"火华社社长"刘烨的"抢沙发"事件，就是明星在微博上利用平等观念来聚拢人气的成功事件。由于刘烨抢了几个普通网友的"沙

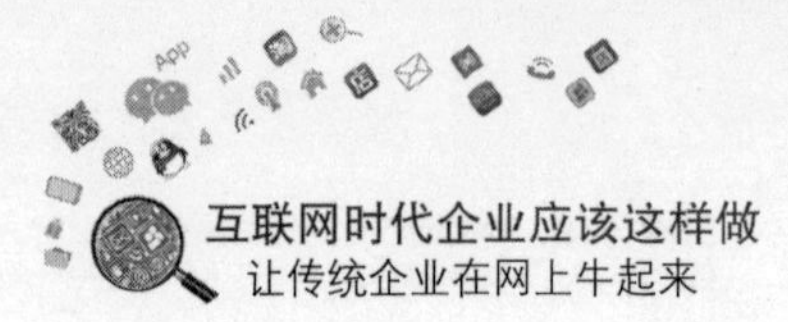

发”，使大量网友受到了鼓舞纷纷要求刘烨抢自己的“沙发”，而且此“抢沙发”事件的火热还让许多明星也群起效之，从而让明星“抢沙发”成为了一场全民狂欢。如图3–3所示。

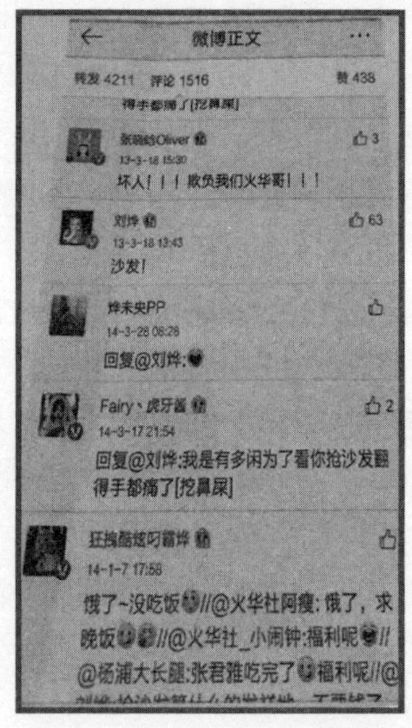

图3–3 刘烨抢网友“沙发”

为什么一个明星与网友的简单互动会引起如此大的影响呢？其实答案很明了。明星本身人气就很高，他的一举一动都有大量的网友和粉丝关注，只是平时很少和网友互动。明星在普通网友的眼中一直都是可望而不可即的。明星对于网友来说过于遥远、冰冷，在他们心中明星并不是一个“有生命的人”，而是一个“昂贵的奢侈品”。

而明星一旦与网友进行了互动，网友就会发现其实明星就在自己的身边，他们并不遥远，自己随时都可以与明星进行互动。网友受到鼓舞之后自然会蜂拥而上，纷纷@明星，在微博上形成了一股风潮。

刘烨的一个简单举动之所以会产生这么大的影响，正是因为他与网友进行了平等有趣的互动。他用自己的行动证明了自己不是一件冰冷的奢侈品，自己不单是会在荧屏上出现，自己也可以出现在普通网友的生活当中。刘烨“抢沙发”引起的话题正是因为明星微博由“广播模式”向“平等交谈”靠近的结果。

在互联网时代，层级观念早已落伍，明星是这样，企业更是这样，平等互动才是获取成功的路径。

成功的前提是民主，民主的本质是平等

互联网强调的是民主，民主的本质是平等，平等是“互动”的前提。平等的最终目的是让“人民”当家做主，塑造企业的亲民形象。对于企业来说，“人民”包括两大部分：消费者和员工，企业主与他们都要做到“平等”，而不是对他们实行传统的层级体制。

例如，万达地产以前卖房子都是通过自己评估预测的方式操作他们的观念：“我是按我自己的想法来盖的，你爱买不买。”这样的房子很难真正满足顾客的需求，所以，万达地产一度走进了低谷。但现在万达不这样做了，它会充分考虑顾客的需求，如户型、面积、价格等顾客提供的信息，然后再基于这些信息来进行设计。

互联网时代的员工也不再只是听命于老板，老板说什么是什么，而是听命于用户。员工在公司中，自主权将越来越大。而老板的职责主要是搭建平台支持员工工作，在大原则方面对员工进行指导。老板们要清楚地认识到这一点：“在互联网时代，以命令的方式来差遣员工，已经越来越没有效用。企业用平等的观念才能更好地做好互联网企业。”

“平等”是“网络”的核心思想

传统商业模式下的企业结构就像是一个“金字塔”，一层衔接着一层，

等级森严。但在互联网时代，整个世界是一个无边无界的网络体，里面的每一个节点都可能成为“金字塔”的塔顶。也就是说，每个点之间的关系都是平等的，虽然有大小之分，但其关系的本质不再是等级而是平等。

互联网时代的顾客也不再是“上帝”或“衣食父母”，而是“朋友”。既然是朋友就不能忽略他们，但也不用刻意讨好他们，大家是一种互相支持、相互沟通、平等以待的关系。

就像联想的杨元庆，他的口头禅就是“请叫我元庆”；小米科技的雷军也有很多员工称他为“老雷”。其实叫什么只是一种表象，提倡平等地相处才是本质。

4. 跨界：寻求跨界，而不是单打独斗

商场唯一不变的法则是变化，无论是企业自身，还是顾客的需求，甚至是竞争者的竞争方式都在不断地发生变化。所以不管是传统企业也好，新型的互联网企业也好，都要以变应变。跨界就是互联网时代一种突破惯例且行之有效的应变之道。

与之对应的跨界思维是一种新型的思维模式，其特点是通过与其他行业进行合作为企业进行创新改造，并制定全新的企业发展战略。

跨界思维可以让原本毫无关系，甚至是互相矛盾的行业成为相互渗透融合的整体，从而在融合过程中碰撞出新的火花，为企业开创出一条新的发展之路。

互联网时代的跨界思维，是一种综合性、多角度、外向型思维，是一种与大时代潮流相贴切的，能够将企业带出困境的整合营销思维模式。许多因互联网冲击陷入低谷的传统企业都可利用这种跨界思维重整旗鼓，再创高峰。

跨界本身并不是一件十分复杂的事，总的来说，就是对不同资源以全新的方式进行整合，让其产生1+1>2的效果。其手段和原理都不像人们想象得那样复杂，但真正能引发市场热点，触动消费者的体验神经，且为企业带来品牌价值提升的案例并不多。为什么会造成这样的情况？原因是许多企业在实际操作手法和统筹规划上，没有一种成熟的想法，同时无法做到各个方面的最佳配合。

跨界思维的典型案例《我是歌手》的运作就很成功，其总决赛与全国11个城市的万达影院同步直播引起了强大的效应。其中运用的跨界思维方式是非常值得许多企业学习的，如图3-4所示。

图3-4 《我是歌手》第一季

2013年4月12日19点30分，备受关注的湖南卫视《我是歌手》第一季总决赛准时开播，7组实力唱将共同追逐最后的冠军宝座。同时，11个城市的万达影城也会对其进行同步直播，这种电视与电影同步直播的荧屏合作还是全球首例。这次的合作是湖南卫视、万达院线等多方资源首次联合打造的一次跨界营销，引起了网民的热烈讨论。

此次跨界合作在中国电视直播领域里可称得上是绝无仅有的创新之

举，不但受到了广泛关注，也得到了业内人士的好评。这次的跨媒介渠道平台的合作方式具有开创性的意义，电视与电影播放平台的碰撞，开启了影视界整合跨界营销的全新模式。

此次的跨界尝试让湖南卫视《我是歌手》节目受到更多广告主的关注，就连京东也积极地加入进来。

许多资深的业内人士表示说："谁规定电影院只能放电影？在未来，如果电影院得到了批准，就可通过卫星传输方式，播放更多精彩的内容，而不是单纯地电影播放。如演唱会、选秀节目、体育赛事等，都可通过影院高质量的视听硬件得到更加淋漓尽致的呈现。"

这次合作取得的成功是出人意料的，它不只是因为节目本身质量过硬，也是湖南卫视和万达影城敢于创新、跨界营销的结果。

如何学习《我是歌手》成功地运用跨界思维？企业主们首先要考虑以下几个问题。

品牌为什么要跨界

其实，跨界也是一种很好的营销手法。跨界的产生源于市场的变幻莫测，在商业思维不断变化的环境之下，品牌需要不断地创造新理念、新产品，要不断地以新的角度带领新的潮流。而一个品牌如果只对本领域的事物有兴趣，显然无法创造出新的产品与潮流。例如，苏宁做电商的渠道跨界。

苏宁是典型的传统企业，但是在互联网跨界思维的影响下也跨界做起了电商，不但挽回了自己落入低谷的销售业绩，同时也为企业自身的发展闯出了一条新路。

跨界思维的特点是什么

首先，跨界思维是一种外向型思维，它的特点就是到外面的世界开辟出一片新的领域。其次，跨界思维也是“三只眼睛”的特殊思维模式，更是一种思维多向性策划。

例如，娃哈哈杏仁青稞粥，跳出了传统的“八宝粥”的局限范围，开创出一种“清新平衡”的全新诉求，开发出新型健康方便食品；而今麦郎则完成了从弹面到直面的转变，并且带动全线的产品销量，其总销量突破了100亿元。

这些事例都在表明跨界思维的重要性。企业要想突破瓶颈，跨界合作无疑是一种新的选择，与他人联手远比单打独斗效果好得多。

5. 开放：彼此共生，而不是墨守成规

随着“互联网+”的概念越来越热，似乎互联网有对所有传统产业进行革命的意味。但是，还是有一些传统的企业很难完全互联网化。

也许有些互联网人会不服，但事实确实如此。在金融、汽车、餐饮等专业性强、入门要求较高的传统行业，互联网一时间想要征服他们，还是一件极其困难的事情。

但互联网公司所具备的开放、创新、效率等特质同样也是许多传统行业所缺失的。所以两者结合，互联网公司就将这种软性特质灌输给传统产业，让其融入互联网，从而解决它们在升级时所遇到的困境，最后达到互联网与传统行业的共赢。

互联网蕴含的先进性特质，需要一个全面开放的平台才能释放，才能将其精神完全注入传统行业当中。任何事情都有其两面性，互联网可以帮助传统企业进行升级改造，传统企业也可为互联网提供发展的平台。

在为互联网提供平台的传统企业当中有不少典型，如苹果和海尔。

2014年，WWDC成为苹果由封闭走向开放的重要转折点，同样，海尔

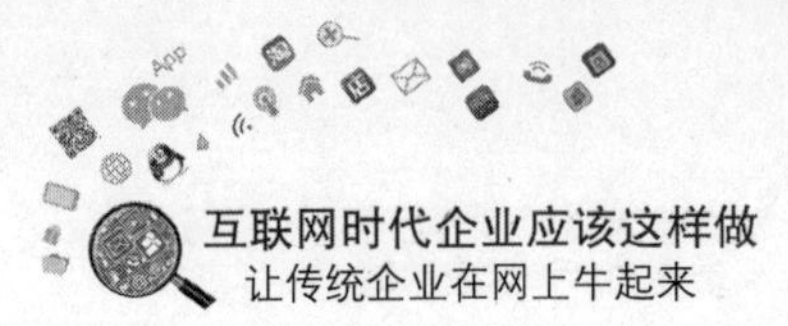

与苹果的成功牵手表现了其对外开放姿态的一致性，同样都释放出强烈的互联网开放特性，如图3-5所示。

图 3-5　海尔官方微博截图

苹果由封闭到开放：苹果Homekit协议是一个让设备变得更加简单易操作的平台，能容纳大量的应用和用户体验。针对该平台，海尔同时间也开发具备兼容性的空调产品。未来，苹果产品（比如iPhone）还可通过苹果语音实现对更多智能设备的控制，并以此为起点，让苹果变得更加开放。

全球知名的互联网公司都在研究智能家居的标准与联盟问题，海尔与苹果的成功合作无疑推动了中国家电智能化发展的脚步，给家电行业带来了更为广阔的全球化发展空间。大量的智能家居公司都聚拢在苹果的平台之上，而苹果也利用家居这个传统产业的平台全面体现了自己的开放性特点，这无疑是双方共赢的合作。

虽说互联网有其软肋，但近年来对许多传统企业造成的强大冲击也是事实。不过如前所说，这并不意味着互联网会全面取代传统企业，成为商界的主导者和市场利益的独享者；也不意味着传统企业为了解决与互联网企业竞争的问题，要花费大量金钱与时间去建立一个庞大的商业零售平台。无论是哪一种产业，其发展道路都是一致的，都是由竞争走向整合，而竞争的最终目的也不是“你死我活”，而是实现“彼此共生，双方共赢”。

新事物并不是凭空而生的，而是在旧事物的基础上孕育出来的。互联网正是在不断的发展过程中利用其开放性和传统企业优化整合，实现双方利益的最大化。实际上要怎样操作，这就需要企业自身在发展过程中探索更多、更好的路径。

从封闭走向共享

互联网与传统行业如何从封闭走向共享？传统行业本来是一个封闭性的产业，而且由于行业细分程度高，各家都自行其道、互不相关。再加上本身行业面对的客户群不同，所以似乎只要做好自己的事就足够了，无须再多费心思。但互联网时代的到来打破了这种现象，谁能更有效地整合自身资源，谁就能成为这个行业的王者。

互联网开放平台使许多产业从封闭走向了共享，如豆蔻年华。

豆蔻年华打破了传统的封闭思维，在2014年3月同时推出网上商城和微信商城，携手腾讯微生活，共同打造豆蔻年华新品牌概念。

通过宣传，用户不但知道豆蔻年华便利店可以买到早餐，还可直接通过网络定制，比以往更加方便快捷。豆蔻年华打破了传统的封闭思维后，店内的销售额直线提升。

电商的特质就是网上比价非常方便，单品价格比实体门店的价格低很多，但豆蔻年华的关注点并不在这方面，而在于独特的服务。

整合后，用户在豆蔻年华下单到收取的过程只需要30分钟，基本上在其下单的客户都是急需这款商品的人，所以他们对价格问题并不是太敏感，在意的是便捷的服务。豆蔻年华与腾讯合作后，其网店的技术层面得到了很大的提升。

从单向赢利走向合作共赢

互联网企业与传统行业的战略合作，常常会引起热议，这是互联网产业与传统企业“放弃对抗，走向合作”的大潮流。作为中国互联网零售商平台之一的腾讯，通过与许多行业的合作，为自己探索出了一条“平台跨界融合，商业利益共赢”的新商业模式。豆蔻年华作为腾讯的合作商之一，显然很好地体现出了这一点。

豆蔻年华实施的库存与销售实时对接是其优点之一。由于豆蔻年华主要是以销售日配商品为主，而人们对商品的质量又极其看中，所以豆蔻年华的库存就不能过大。但是由于门店和网站同时都在做销售，所以库存不足又容易造成缺货及订单流失问题，导致用户群缩小。所以说这个矛盾点让库存与对接的流程变得尤为重要。豆蔻年华在腾讯微生活的帮助下做到了每2分钟同步一次库存的速度。如果出现缺货，网站商城和微信商城也会在第一时间向用户发出提示，以避免用户下完单后又被通知缺货的问题，这种做法极大地提升了用户的体验感。

豆蔻年华与腾讯微生活的合作不只提高了销售量，腾讯微生活的人气也因为豆蔻年华的加入得到了不小的提升。微生活所创造的价值吸引了更多品牌加入腾讯。它们的合作真正体现了互联网开放思维中“彼此共生，双方共赢”的特质。

在互联网时代，开放平台的商业价值将会变得越来越大，也只有具备开放的平台和包容的心态，才能让互联网企业与传统行业互联互通、彼此共生、双方共赢。

6. 整合：懂得整合，而不是分散资源

随着全球经济一体化的到来，中国也进入了资本竞争及资源整合的新时代。资源整合成为中国企业参与经济全球化，与他人携手合作的一种重要的方式。同时，中国企业也正面临着前所未有的挑战与机遇。

在全球经济一体化面前，无论是传统企业还是新兴的互联网企业都要懂得怎样高效地整合资源，而不是分散资源。谁能做到这一点，把握住经济发展的脉搏，谁就能在惨烈的竞争中取得胜利。市场给予企业的机遇很有限，谁只要把握住这个机遇，谁就能赢得辉煌的明天。

一家企业要想成功，其真正需要做的就是懂得如何进行资源整合，无论这家企业规模大小，懂得利用一切可利用的资源最重要。

传统的商业竞争思维是打败对手，但互联网时代的商业思维讲究的是整合对手。那么两家竞争对手要如何合作呢？举例而言，一家企业擅长技术，另一家企业擅长管理，两家企业一起合作，就可以相互省下3年的发展时间。此时，谁也不要想去收购谁，股权互换就能彼此合作。

许多人做生意，总想着我要开几家店，要将规模发展到多大，其实不管是一家店或是一家企业，无论规模大小，目的是一致的，就是能赢利。如果你拥有一家店，赚的钱比开十家店还多，那又何必再多费心思去做“吃力不讨好”的事呢？倒不如把手上的资源全都整合到一起，把每一个细节点支配好，省时省力又赚钱，何乐而不为呢？

在上海有一个连锁店老板，非常擅长资源整合。他常常同时收购2～3家连锁店，收购后又转让出其中的两家，保留地理位置最好的一家店，然后把其他两家店的员工整合到这家店来。这样人工的问题就可以马上得到解决，不用再费时间重新招聘、培训。

同时，他再把另外两家店的会员客户整合到这家店来消费，这样客源问题也得到了解决。这种做法，既省下了两家店的房租，也节省了不小的开支，留下的一家的生意又抵得上原来三家的生意。这位连锁店老板将资源整合的优势完全发挥了出来。

海尔是一家老牌传统家电企业，这几年在互联网的冲击之下也开始走上了互联网化的资源整合之路。

在销售方面，海尔除了之前就布局好的传统零售市场，其电商市场上的布局也可谓一帆风顺。自有电商品牌网站海尔商城，主要负责自主经营海尔产品；在天猫开设旗舰店，利用平台整合、覆盖更大范围的用户；入驻苏宁、京东展开采销模式，完善电商销售渠道；利用物流优势打造“日日顺”平台，锁定大件商品的交易市场，如图3-6所示。

图3-6　海尔家电定制海报

在生产方面，则推出互联网家电定制品牌、统帅品牌，与天猫商城联手合作进行C2B预售，打造“海立方”众筹模式。

除了整合资源完成电商布局，海尔开始将业务整合的重心放在搭建自有的电商平台之上。海尔现在已明白“日日顺”之所以前期会失败，是因为资源分散。于是海尔将其全新整合包装后，把定位从之前的家庭一站式购物平台改为专注家电、家居、家装、净水等垂直类的商品平台，并将之前经营的户外用品、母婴用品等与海尔无关的类目剔除出去，新增在线设计、搜搜我家等项目。海尔在“日日顺”平台推出的所有项目都与家电有关，力求为消费者打造一个提供家庭整体解决方案服务的家电平台。

海尔的核心竞争优势是在家电等大件商品的配送上。海尔搭建的“日日顺”物流平台将其自主电商的潜能彻底发挥了出来，与天猫等电商的合作进一步优化了海尔的核心竞争力。如今，海尔已经具备实现C2B的条件，包括自身品牌的实力、产品的生产线能力、设计能力、销售渠道能力，等等。

海尔为何能在互联网的冲击之下迅速转型？这一切和海尔将资源重新整合的构想分不开。在互联网时代，资源整合的力量不容小觑，但也有一些问题需要注意。

塑造品牌意识

在公司成立之前，如果整合了别人的品牌，那么在这个整合的过程中，千万不要把别人的品牌换成自己的品牌。首先是因为这种做法会招致对方的反感而造成整合失败，其次是在这种时候换不换品牌称呼没有任何意义，要学会从长计议。

就如福建烟草品牌七匹狼收购了石狮牌香烟，石狮香烟本就拥有一定的忠实用户。如果七匹狼在整合之初就草草地将其品牌换掉，那么这次的整合收购可能会失败。整合成功之后，经过慢慢的融合，七匹狼才将石狮品牌换成自己的，因为这时候石狮原有的用户已经知道这个牌子被七匹狼收购了，就是名称换了，品质还与之前的一样，所以这时七匹狼也就不需要担心用户流失了。

整合网络资源，改善销售通路

有许多玩具行业的生产厂家都面临着一个非常让人苦恼的问题：产品要进入零售市场，主要的渠道一般都是百货公司、商场、超市等。但这些场地除了租金昂贵，还要一笔不小的入场费，且商品的展销、宣传推广都要受制于商家，这给厂家的市场营销计划造成了很大的麻烦。此时如能开辟一条新的销售渠道，对厂家来说无疑是一个重要的商机，互联网正符合它们的转型需求。

万代好集团支持的“奇美玩具屋”连锁加盟店正迅速地向全国扩展开来，整合自身所有的资源形成了一个覆盖范围广且投入资金少的营销网络。

世界上所有优秀的企业家都是资源整合的能手，对于他们来说，资源整合就是“不求拥有，重在支配，以求得利益的最大化”。

第四章

>> 运营模式：传统企业向互联网转型的七种运营模式

互联网毫无疑问会为企业带来大量的商机和财富，给企业带来全新的面貌、快速的发展。为什么有的企业向互联网转型并不成功？根本原因就在于没有掌握互联网企业的运营模式，仅仅做了一些皮毛的工作，如建网站、开通微博、微信等。传统企业首先要做的是选择适合自己的运营模式，如此，相对应的方法技巧才能发挥作用。

1. 产品关联：让你的产品能“说话”

创业者为了自己的企业殚精竭虑，也不过是为了一句简单的话：“让自己的产品能说话。”每一个产品都有其无限的发展潜力，但如果你不去研究它，不去赋予它生命，就永远不知道它蕴含的秘密，不知道它能给你带来多少惊喜。

有些产品可以让用户一见钟情，喜爱不已，但有些产品虽然也一样优秀，却始终无法引起用户的共鸣，最终，在用户面前只是匆匆过客而已。

为什么具有同样功能的产品，一个会受到大众喜爱，一个却被一眼忽略呢？其实原因很简单，被忽略的产品往往缺少了“情感”，它不能向用户“开口”表达，与用户产生情感上的共鸣。

在高科技普及的今天，实现某些产品的功能已经变得非常简单，你能做的别人也能做，要想与众不同，必须占领产品的制高点，而这个制高点就是让你的产品会说话。

什么样的产品才会说话呢？其实就是人们常常说的“极致”。

当产品做到极致的时候，就会表现出极强的媒体属性。Google Glass、特斯拉电动车都属于这种拥有自媒体属性的产品。Google Glass包含了智能手机所能提供的所有服务，其中一个镜片还具有显示屏的功能，可将信息传送至镜片，并能让用户通过声音控制信息的收发。而特斯拉是世界上第一辆采用锂离子电池的汽车，用充电池替代了传统的油箱，而且其电池的充电方式也可用普通电源代替。在电动汽车方面，特斯拉可谓做到了独一无二。所以像这样的产品一出现，无须进行任何广告宣传，就能吸引无数眼光，让消费者万分期待。

极致的产品会有什么效果呢？它符合了消费者心目中的期待，只要用过的人都说好，一传十、十传百，根本不用企业自己去宣传，这就是会说话的产品。

怎样让产品说话？一是反映在产品的功能方面；二是反映在产品与消费者的关联方面，这个关联就是产品的人文内涵。一个产品，如果能同时在功能之外取得用户在情感上的认同，就等于被赋予了“说话”的功能。

举例而言，51信用卡管家就进行了一次“情感关联”推广。51信用卡管家是一款信用卡账单管理应用App，它成功地利用微博，凭借着一个有爱的故事，以几乎零成本的形式在网络上高效传播。

51信用卡管家在微博上发了一段文字，内容虽简单，但却非常完整地表达了一个关于爱的故事。“看了闺蜜的手机，瞬间想嫁人了。这就是她老公出差前帮她设置的……”所配的图片非常简单，就是一张iPhone手机桌面的截图，如图4-1所示。

图4-1 51信用卡管家应用微博图片

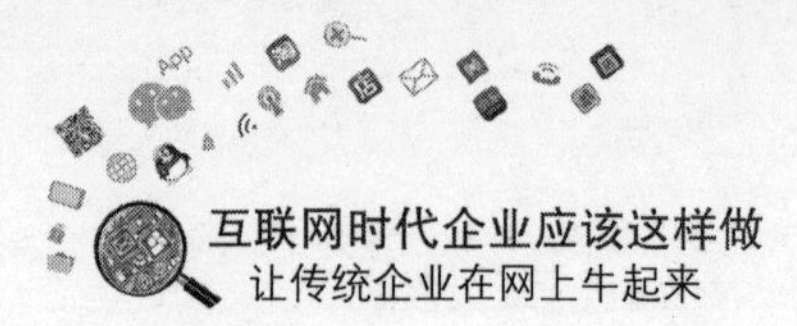

“老公”在出差前为“老婆”下载了各种手机应用，并且还细心地做了分类。例如，将切水果、打飞机等多款休闲游戏归入“你爱玩的游戏”中，还有如“你爱吃的菜”、“你爱看的书”、“你喜欢的电影、电视剧”等分类。温暖的文字加上简单的配图，真挚地传达了一个关于爱的故事。

这个关于爱的故事瞬间打动了网友的心，尤其是一些女性网友更是为之感动不已。她们感同身受，一时间沉浸在各种幻想之中。50个小时之内，这一条微博浏览量达500多万次，转发超过6万次，评论则超过6 000条。

这是一个很成功的微博营销。在这个截图界面中，有一个显眼的位置放置了一个与淘宝并列的应用，就是51信用卡管家。其放置的位置虽然明显，但又不觉得是刻意为之。于是，网友就在不知不觉中知道了这一款应用。

由于这条营销微博的成功，51信用卡管家在生活类App排行中的位置短时间内迅速攀升。

51信用卡管家营销之所以很成功，就是因为它被赋予了自身“说话”的功能，使其与用户产生爱的情感关联，从而达到意想不到的宣传效果。

51信用卡管家营销案例证明，要让产品能“说话”，产品情感与用户情感所产生的关联是非常重要的。

赋予文化，关联情感

赋予产品文化，使其关联用户的情感，就好似将产品的功能与其定位结合在一起，然后借助某一故事将其传播出去。

例如，苹果手机被赋予了高富帅的内涵，其本身所承载的情感就是最好的宣传效果。用户认同苹果所承载的情感后，对其产生了情感上的认可与依赖，久而久之，就成为其最忠实的粉丝。

打造极致产品，做好关联营销

无论是哪一款产品，企业在做活动的时候一定要注意做好相关的关联营销，如产品的同系列关联、搭配关联、相似关联以及热销品的关联，等等。

这种关联营销在电商运营中应用得非常广泛。例如，在淘宝网上，同系列关联就是如果商家卖碎花连衣裙，那么用户就可关联到其他款式的连衣裙；搭配关联就是如果商家卖的是半身裙，就可关联一些上衣；相似关联就是如果商家卖大衣，就把其他款式且价格相近的大衣进行关联。

产品本身是会说话的，这种说话能力所带来的宣传效果，完全取决于该款产品的功能以及被赋予的情感。如果产品功能做到了极致，或是与用户的情感关联做到了极致，那么这个产品就会爆发出巨大的威力。

2. 营销组合：多种方式组合营销

在新媒体时代，传统市场的营销规则也悄然地发生着改变。如今，企业在营销战中制胜的关键点就是打造出一种新型的营销模式——多种方式组合营销。多种方式组合营销最大的特点就是多样性。

在互联网时代，网络营销组合模式已成为营销的主流模式。网络组合营销的主旨是用户导向，然而一直到现在，多数传统企业的营销方式都是单向的，依赖各种各样的媒体广告向消费者进行单方宣传，再通过各种各样的调查来了解消费者的需求。但这两种方式在大部分的时间内都是分离的，其调查结果与宣传方式并没有紧密地进行联系。

网络营销则为企业与消费者提供了双向交流通道，使企业的营销效果比传统的营销方式所达到的效果更好。

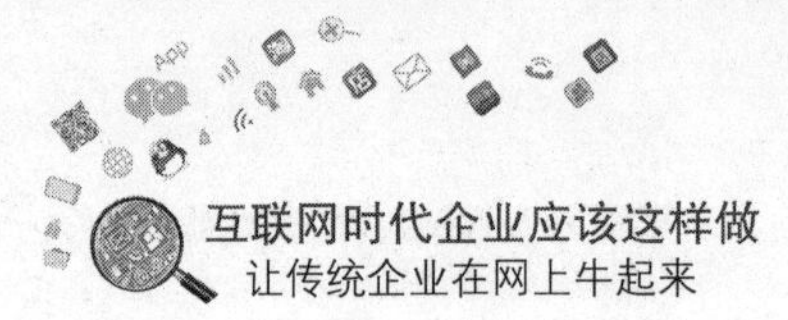

这种交互式的市场营销方式一方面为企业节省了不少时间，收到更为准确的结果；另一方面让企业有更多的空间为消费者提供更好的售前和售后服务。

互联网的营销组合模式改变了传统的买卖关系，带来了营销方式的变革，同时也为市场营销提出了新的要求。

著名汽车企业东风悦达起亚今日取得的成就，可以说与蒋玉滨提出的K5系列多种组合营销的方案有着密切的关系。

的确，K5系列车型的成功上市算得上是东风悦达起亚发展的里程碑。除了帮助东风悦达起亚打入中高级市场外，也提升了销量和品牌形象。单在2011年上半年，就取得了19万辆的良好销售业绩，同比增长18%，这其中K5的成功营销策略实在是功不可没，如图4-2所示。

图4-2 东风悦达起亚新K5车型广告

蒋玉滨在一次采访中说："东风悦达起亚在近几年一直都是采用创意营销与传统营销相结合的方式，在不同区域以不同的方式来做营销，看东风现在的成就，就说明这种多种组合的营销方式效果非常好。"

在创意营销方面，东风悦达起亚采用了网络营销组合模式：一是利用搜狐媒体的用户群、公信力为传播造势，重新定义客户品牌；二是利用时下最热门的Web 2.0产品与消费者进行互动沟通，通过互动来向用户传递信息，从而建立双方的互信关系；三是利用搜狐的高清卓越平台，选择最适合的剧场产品，将产品的精准信息传达给目标群，在后期促进销售并进一步影响目标群。

网络营销组合模式的创意营销主要影响的是高端人士，但对于普通消费者以及四五级市场的消费者来说，还是要靠门店、销售员推销、电视媒体广告等传统营销方式。

东风悦达起亚的营销组合过程分为以下几步。

上市前：通过微博平台建立K5上市专题，在汽车频道进行软性资源预热，引起潜在用户对K5的兴趣。

上市当天：在搜狐首页以全天炫景的方式曝光新车，内容包括车型亮点、品牌文化以及试驾预约。

上市活动展开后：利用微博展开全程直播，精选了可触发跨界的广告、新闻、汽车视窗等多种新媒体来推广。

传统营销方面：上市后针对高端目标客户群，在搜狐悬疑谍战剧场、华纳电影专区、法国电影专区植入广告，同时遵循传统营销方式在各大主流电视台播放K5系列广告。

两种营销方式的结合确实为K5的销量起到了不小的作用，同时也拉动了东风其他车系的销量。可见，在互联网时代，新营销方式的作用是巨大的。

微信营销

微信平台可以说是企业营销的首选之地，其数亿用户是任何一家企业都无法忽视的。

以京东商城与微信的合作为例，京东是中国第二大电商，为了维护其品牌知名度和良好的销售额，京东的做法无疑是正确的。

微博营销

微博不仅普通网友注册人数众多，还是名人的聚集地，几乎所有的明星大腕、商业巨鄂都会开微博，这使得微博成为一个舆论传播的重要阵地，在这里发布合适的信息往往影响力巨大，有一石激起千层浪之效。

社区营销

魅族可以说是社区营销成功的典型案例，在魅族论坛里每天都有上万个魅族发烧友在活跃着。通过此种方式，魅族公司和用户之间架起了一座最为直接、有效的沟通桥梁。

多种营销方式组合能有效地提升营销效果，此种方式不仅可给企业带来更多的潜在用户，刺激产品销售额的增长，同时也能进一步提升企业品牌的影响力。

3. 全员互动：把用户拉到运营团队中来

互联网企业运营的核心是用户，把用户拉到企业的运营团队中来是企业制胜的关键点。那么怎样才能拉动用户呢？这就要与用户进行互动，让用户有充分的参与感。不与用户进行互动，就很难建立信任关系，而缺乏了信任，企业就很难建立起自己的品牌社群。品牌社群建成后，与用户的互动成为其中的关键点。因此，企业在运营社群时，就要基于当前最流行的即时交流工具与用户形成互动模式。作为企业，无论发展到哪个阶段，都要与用户进行不断的互动，这样才能让企业得到可持续发展。

互联网的互动首先是人与信息之间的互动。例如，门户网站巨头新浪可以让用户更方便地获取信息，搜索引擎百度可以让人们更加精准地获取信息。

其次就是人与人之间的互动。即时通信工具QQ的出现让人与人之间的交流变得更加方便；而以微博、微信为代表的社交平台则让人与人之间随时随地进行交流。

互动的本质是“民主”，只有“民主”才能让用户成为企业运营团队中的一分子。在过去，产品的推出是企业说了算，所以即使产品有弊病，企业也不能第一时间得知，从而影响了企业的整个运营，甚至导致了破产。但是现在，快捷的互动让用户成为企业运营的一分子，可以及时纠正企业的错误之处，对传统企业的运营思维进行了彻底的颠覆。

为什么要让用户参与到企业的运营中来，这并不是说企业的境界提升了，而是用户的权利变大了。今天，用户对一些网店如淘宝、京东商家等随手做的一些点评，直接影响到了产品销量的好坏；在微博、微信上的随手转发，可以让一款产品一夜爆红，也可让一款产品瞬间贬值。

例如，海底捞消费者在微博上自发的好评，让其得到了超过10亿元的广告价值。而某著名家电企业因为漠视用户需求，无视用户评论，因而造成的负面影响让其品牌价值的损失也超过了10亿元。

这在传统商业时代根本无法想象！因为在过去，企业如果想要正面宣传可直接花钱买广告，负面传播也可花钱来消除。在这种情况下，用户的评论就变得不那么重要了，更不要说将用户拉到企业运营团队当中。

有许多企业利用互联网的全员互动模式打造了数不胜数的成功案例，比如最近新开播的由腾讯和青海卫视联手打造的全民互动节目《应用宝典》，堪称近期最典型的互联网推广案例。

随着互联网越来越深入人们的生活，大众的阅读习惯也在不断地发生着改变，特别是以互联网为阵营的自媒体群体的崛起，对传统的阅读模式更是影响深远。电子媒体以其内容的丰富性和观看的便捷性对传统媒体发

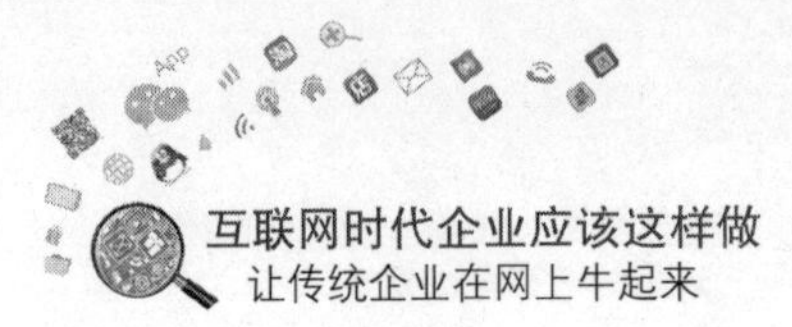

起剧烈的冲击，《应用宝典》开播以来，口碑和收视都相当不错，在微博上进行的网台联动，刚开播几集就引发了全民互动的高潮，其阅读量已高达1亿次，如图4-3所示。

图4-3　青海卫视《应用宝典》节目

为什么一档省级卫视的小成本节目能有如此优秀的表现？其中最为关键的一点就是节目运用了互联网的互动模式。

《应用宝典》每期都打明星牌，其嘉宾都是人气颇高且新潮时尚的新生代偶像，如《古剑奇谭》的“大师兄”陈伟霆，于恬、白举纲、宁桓宇等快男人气选手。

在如今的互联网时代，互动模式早已和创建品牌和拉拢用户的过程高度融合，所以《应用宝典》努力地将用户融入节目的各个环节中。

《应用宝典》一切以用户为中心，追求接地气的风格，从而在互联网上形成全民互动模式，让用户参与到节目的运营中来。该节目时刻关注着网友的评论，通过对用户数据的挖掘，将口碑传播效果发挥到极致，并利用新媒体技术与网民进行不断的互动，然后选用网友最有代表性的建议不断地丰富和改进节目。

再者，《应用宝典》每期精选的网络红人展示单元颇受欢迎，在互联网上形成热议。同时，节目中使用大量生动有趣的网络用语也让许多网民争相模仿。

通过《应用宝典》的案例就可以知道，真正的互联网运营是对传统用户价值的重新审视，对于企业的产品运营不只是企业自身的事，也和产品用户息息相关。

社群运营，全民互动

在互联网时代，一个产品新的定位是什么？其实答案很简单，此时的产品已经变成了表达企业精神的一种工具，一种企业产品的精神延续。在各种产品中去赋予它们各自不同的内容，赋予企业的精神、文化，然后在与用户的互动当中，让用户感受到企业运营团队所具有的精神，从而通过社群运营的全民互动得到一个最大化的传播效果。

黄太吉煎饼可以说将社群运营做到了极致。黄太吉在创立之初就不断地与消费者进行互动，无论是无聊至极的相互调侃，还是接受消费者所提出的对黄太吉煎饼的建议。不管与用户进行何种内容的互动，黄太吉创始人所要求的就是这种互动永不停止。

用文化来塑造品牌，用互动来运营企业

纵观现在的国际性企业，可以看到世界排名前十的公司都来自美国、日本、韩国等国家，为何被誉为世界第二大经济体的中国没有这种企业呢？其原因之一就是中国的这一代人在创业时期缺少社群，缺少互动，缺少做文化的能力。而如今随着互联网的快速发展，中国的企业已经具备了天时、地利、人和等条件，也许在不久的将来，新一代的消费

者通过互动方式参与到企业的运营团队中来，从而帮助中国企业成就无数个国际性品牌。

通过互动把用户拉到运营团队中来，让产品和用户融为一体，从而让用户为企业的发展自愿做出贡献。所以说，与用户互动是企业向前发展的重要因素之一。

4. 数据决策：让数据代替你决策

在互联网时代，大数据无疑是最火热的词汇之一。众所周知，不管是哪一种数据，其本身蕴含的价值都不容小觑，但如何才能将有用的数据和没用的数据进行区分，这才是企业迫切需要解决的问题。

显然，一个企业所掌握的人员情况、工资表以及客户记录对于企业的运营有着非常重要的作用。

例如，一家商场的一段记录：消费者在一家商场上的购物视频，消费者在购买前后的动作，消费者用何种方式来付款，供应商又喜欢用什么方式来收款……单是一小段视频就能向企业提供很多信息，将它们抽丝剥茧之后，与收集到的其他数据进行对照，企业就可以据此对营销策略做出调整。

在互联网时代，大数据显然扮演着一个非常重要的角色。企业如何运营、未来发展方向如何，已经不是由企业主单方面决定，而是由大数据决定。

大数据的关键点不在于大，而在于有用，有用的数据才能为企业的经营决策提供依据。换句话说，就是企业可通过有用的数据来创造商业价值。从本质上来说，大数据有着决定企业生存的力量。

大数据可为企业的决策提供精准的数据，如市场方针的制定，如何实现精准营销，如何找到产品的目标群等。此外，大数据还可为企业提供更为便捷的信息服务。企业在搜索信息的过程中，就能发掘出更多的潜在用户。

大数据带来的是社会化的大营销，在大数据的冲击之下，似乎所有企业都置身于这股洪流之中，争相开设微博和微信公众平台。但是，在这种大潮之下，作为企业的领导者，要保持清醒，要深刻地意识到“大数据之下的社会化营销我们需要注意什么，在这些营销之下我们又能得到哪些有用的数据？”等一系列问题。

传统企业进行宣传的方法就是利用广告的形式撒出去，但在互联网时代，这种宣传方式早已发生了改变。现在，企业利用在搜索引擎上挖掘到的数据设置关键词，让对企业产品有兴趣的人找到你，而不需要自己主动去找用户。借助社交网络的大数据，用户和信息都能够做到高度匹配，只要做到对数据的充分挖掘，就可做到精准营销，让数据为企业确定所要寻找的目标消费群体。

邻家汇算得上是中国软件企业的后起之秀，该企业在近几年的发展速度可以说是突飞猛进，其中最重要的原因就是它能充分利用数据。

邻家汇利用大数据将精准营销做到了极致。邻家汇的目标群是大型连锁超级市场，因为传统大型连锁超市在电商的大力冲击之下正面临着营业额严重萎缩的危险，而转型就成为其寻找生机的唯一出路。

邻家汇在充分研究过数据后，抓住这一时机，为传统大型超市免费量身定制手机客户端，弥补企业在移动互联网商业开发、企业运营以及用户维护等方面的缺失。邻家汇利用这款手机客户端软件打造了线上线下相互融合、共同发展的生态链，以全面提升传统商超的市场竞争力，最终实现邻家汇与传统商超互惠共赢的目的。邻家汇宣传界面如图4-4所示。

图4-4　邻家汇掌上中百软件宣传

邻家汇的业务主要分为四方面：一是以移动端数字会员卡取代实体卡，用户可以随时在手机上查询电子订单；二是移动端电子商务，通过虚拟货架展示更多产品以及各大商超特色产品，打造各具特色的个人专属移动商城；三是移动DM广告，以App消息推送方式全面提升广告的影响力，同时为商家有效降低广告投入成本；四是基于数据挖掘的精准营销平台。

邻家汇的目标群都是商超已有的会员，其本身就具备天然精准营销的特性。基于与商超的合作关系，邻家汇可以拿到实体店即线上商城的海量、多样的客户数据。通过大数据就可做出准确的购物车分析、关联分析以及用户售前的行为分析，从而不断地推出更为精准的互动营销系统。

邻家汇基于大数据在手机App的基础上推出了“泛生活”社交圈，将广告领域扩展至保险、汽车、金融理财等多个领域。同时邻家汇还设计了门店导航功能，有效解决了陌生消费者找不到商超地点的问题。

数据不在于大，而在于有用

数据的关键不在于海量，而在于价值。大数据拥有者们要先充分理解数据中所蕴含的价值，以利用有价值的数据为企业决策提供依据。

广发银行就充分挖掘出了数据价值。为了挖掘出更多的潜在客户，广发银行与咖啡厅、餐厅、健身馆等各大知名商家进行合作。例如，在青年餐厅消费，就推出广发用户周几去青年餐厅消费可享几折优惠等活动。这些优惠活动可促使更多的人去广发办理相关业务。

同时广发每个月的账单中都会附上一些商品打折信息等。

让数据代替你决策

数据的意义并不是网上那些被大家津津乐道的“啤酒和尿布”的故事，而是因为它的出现标志着由企业做决策变成了以数据为依据做决策的革命性变化。

淘宝已经成为现代大众购物的首选，在淘宝还没火之时，许多知名品牌都不屑于与淘宝合作，但是淘宝的成功以及其所提供的各种各样的海量数据，迫使各大品牌纷纷进驻淘宝，以避免企业的销售量下降。

人们在大数据时代开启了一场前所未有的数据寻宝的游戏，人们对于数据的看法成为其创造企业价值新源泉的关键点。

5. 移动互联：紧盯互联网产业的变化

移动互联网连接的对象是消费者，这个连接具有实时、永久的特性。特别是随着4G时代的全面来袭，移动互联网连接对象的规模将更加庞大，连接的成本将越来越低廉，信息传播的速度则越来越快。所以，大众从移动互联网中浏览到的内容也会越来越丰富多样。从文字图片，再到短视频的处理，信息的控制权已从企业主的手中转移到消费者的手中。

互联网产业的变化非常迅猛，企业一不注意就会失去利用互联网成功的机会，所以紧盯互联网产业的变化，是一件非常重要及迫切的事情。

马云抓住了互联网电子商务1.0时代的机遇，造就了阿里巴巴的辉煌，也让他在2014年成为中国新首富。阿里巴巴所塑造的电子商务圈成为全球最有价值的互联网商圈。

一直到现在，还有许多垂直型电商、传统品牌企业和地面零售商不断地加入这些电子商务平台，甚至还花费大量的金钱投资自己的网店，希望也能如阿里巴巴一样塑造一股新的电子商务潮流。但是，这一股潮流显然已经过了巅峰时期，这些后来者们还未享受到胜利的滋味，就发现一切已发生了改变。现如今互联网从PC模式迅速地转向了移动互联模式，越来越多消费者的消费模式从PC端转向了移动客户端。

移动互联网时代是“小公司”的时代，即使是阿里巴巴、京东这种大型电子商务企业，如果不能熟悉移动互联网时代的新游戏规则，不习惯客户的评价，也会有被小品牌甩在后面的危险。

移动互联网时代的电子商务圈流行疯狂的价格战和流量战，企业获取单个客户的投入成本变得越来越高，网店的流量转化率在不断地下降，以往的供应链和物流系统在互联网碎片式的小订单面前已经无法适应。高频率节奏的背后，可能就是沦为尾货和过季商品的垃圾处理厂，离自己的主力客户群越来越遥远。所以说，企业如果不去适应互联网产业的变化，那么企业家们所想象的美好未来不仅不会到来，企业还会陷入更大的困境之中。

现如今，中国的手机用户已经达到12.35亿，可以说现在是人手一部手机的时代，大众在手机上花费的时间越来越多。据统计，现今每人每天在线的时间达到了16个小时。而这16个小时手机用户会浏览些什么内容，就成为了移动互联网时代的新商机。

随着移动互联网的到来以及智能手机的普及，新技术营销也逐渐成为百货业发展的新选择。全国百货零售巨头王府井百货集团连手腾讯微生活平台，整合集团旗下门店所有的微信服务号，将其全面升级到零售业微生活服务号之中，如图4-5所示。

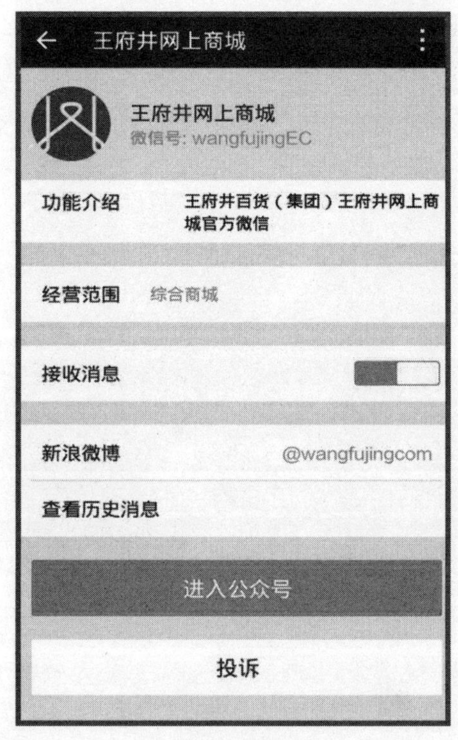

图4-5　王府井网上商城

王府井百货集团原有的微信服务号已经集合了促销信息发布、电子会员卡、电子商务以及微信支付等主要功能，同时也进行了针对集团的一些个性化设置。在全面升级到微生活之后，将其会员系统和微生活系统进行了无缝连接，微生活的会员不仅可享受到与实体会员一样的特权，还可通过扫描会员条形码进行积分、打折，同时还可以直接在手机端进行积分查询、信息浏览、会员活动互动等，如图4-6所示。

王府井百货集团利用微信的移动互联趋势在短时间内就提高了销售量，在客户信誉度方面也得到了有效提高。

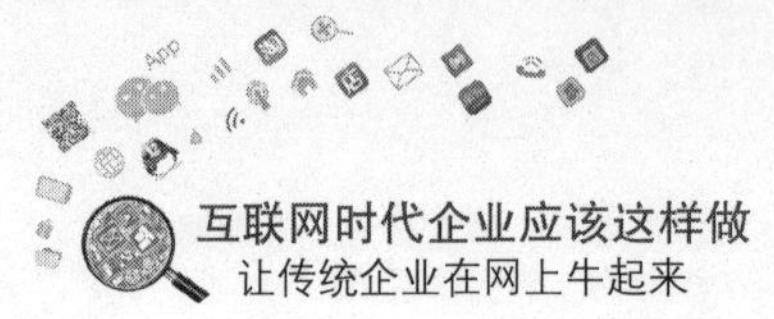

图4-6　王府井网上商城官方网站

同时，微信的支付功能也为微信O2O闭环的商业模式提供了一种全新的可能。王府井百货集团通过微生活引进微信支付后，便形成了一个集线上购买、转赠、线下取货于一体的全方位移动互联商业微信端平台，为消费者购物提供了更为便捷的服务。

此次王府井百货集团与腾讯的合作，正体现了其时时刻刻都关注互联网产业变化的特质。在消费者消费模式不断发生改变的今天，它抓住了这个发展新趋势，为企业发展奠定了坚实的基础。

王府井百货集团与腾讯微生活此次达成的战略合作，除了为其打造集诸多功能于一体的移动服务平台外，也为微生活在未来开发新功能项目找到了一个优先试点，正体现了互联网所追求的合作共赢思想。

过去好的，现在未必好

随着移动互联网时代的到来，以企业为中心的、能满足所有消费者需求的“大而全，一站式服务”的PC互联网思维已经不能满足新消费群体的需求。所以，企业主们必须改变传统的PC互联网思维，迅速切换到以消费者为中心、满足他们个性化需求的“小而美，提供极致个人专属购物体验”的移动互联网思维。

2013年，腾讯高鹏网正式推出微商户，造成了业内不小的轰动，也让一些零售商家跃跃欲试。微商户开放平台与不同行业的第三方开发商签约，由它们联合打造一个专门针对微信公众号以及移动直销推广服务的第三方开放平台，这是一个与PC时代完全不同的平台。

微商户发布不久，就有包括金钱豹、巴贝拉、麦乐迪等多种知名品牌入驻，涉及美食、娱乐、生活服务等各个方面。

紧盯互联网产业变化，协作共赢

微商户的出现帮助用户解决了PC互联网时期存在的大量问题，例如用户获取信息的成本太高，对用户形象的确定相对模糊等。微商户通过与微信嫁接，不只为用户也为经销商解决了许多问题。

种种事例都表明，一家能持续发展的企业，能随着时代的改变而改变，能从传统的旧思维中迅速转换到更适合目前发展的思维，也只有这样的企业才能获得成功。

6. 硬件逆袭：硬件也可能华丽逆袭

随着移动互联网时代的到来，移动用户超过PC用户已成为既定的事实，未来移动设备将牢牢控制每一个人的空余时间，因此，将传统硬件产品和移动终端相结合俨然大势所趋。硬件业在坚持自己擅长领域的基础上不断地进行创新，从用户的实际需求出发，与互联网相结合，一样可以称霸天下。

互联网企业为什么代替不了传统的硬件企业？其中一个重要的原因就是硬件业技术高、门槛高，想要涉足并不容易。但是，随着互联网企业不断地在发展扩大，所涉及的领域也就越来越多，于是产品的界限也就越来越模糊。

硬件企业是中国目前一支不可或缺的力量，有着庞大的市场需求。但传统硬件企业的缺点也是非常明显的，销售渠道的限制、创新能力的限制等，都是其致命伤。所以，传统硬件企业若要在此基础上不断向前发展，避免被淘汰，那么与互联网企业协作共赢、取长补短，无疑是最好的选择。

前不久，美国谷歌和微软先后宣布兼并摩托罗拉以及诺基亚，正式拉开了互联网寡头在移动小屏终端决战的序幕。在中国，百度与TCL联手推出爱奇艺电视，也正式拉开了大屏终端战的序幕；在资本市场，乐视掀起终结电视业暴利的价格战，小米则通过手机、机顶盒、电视组成组合，将“双屏终端”之战的主动权牢牢掌握在自己手中。

在这场互联网大战中，可以发现既有高富帅的歇斯底里，也有草根的成功逆袭。在这场由互联网寡头、软件豪强掀起的大战中，已渐渐没落的传统硬件业有了英雄用武之地。

产品是企业向外界传递和输出价值的载体，产品的硬件设置永远处在最核心的环节。无论是谁收购谁，整合这些硬件的目的都是为了更好地发展，打造在硬件业的位置，让产品说话，增强消费者的信心。

谷歌的成就一直都是不容忽视的，其所推出的谷歌搜索是世界上第一大搜索引擎。对于只有15年历史的谷歌来说，赶上了互联网发展最好的时机。在走过搜索引擎的大爆发时期之后，谷歌果断走向了硬件产品开发之路。近年来，除了收购摩托罗拉，联合华硕开发了平板电脑，它的硬件逆袭模式已成为了业内的一个典范。谷歌今日的成功无疑证明其当初的选择是对的。

现在，谷歌所推出的NEXUS4手机（见图4-7）、NEXUS 7 平板电脑、NEXUS Q播放器、谷歌眼镜，在业内引起了轰动。这几款产品的发布同时也标志着谷歌的硬件时代正式到来。

图4-7 谷歌NEXUS4 手机

随着移动网络、智能产品带给用户全新的体验感，未来硬件市场充满了无限的可能性。以智能手机、平板电脑为代表的硬件行业会随着移动互联网络的发展，不断地实现华丽逆袭。

硬件逆袭首先依靠的是体验和服务

纵观现在的市场，如果跳开终端产品本身，单依靠内容和服务，确实给不少企业带来了利润，同时也给它们带来了全新的思考。从一些发展不错的互联网企业中，可以看出它们并不是单靠硬件产品本身来挣钱，而是主要依靠提供后期持续的服务和衍生品来为企业赢利。但是这种模式也有一定的局限性，并不是每一家企业都适合这种赢利模式，特别是对于那些传统硬件行业。

苏宁电器一直都想在互联网的包围中寻求突围之道，几经波折，终于开辟了一条电商之路。看如今苏宁易购的成果，证明它当初的决定是非常正确的。与互联网的合作确实为苏宁打开了一条新的销路，但是如果不是苏宁本身的硬件过硬，那么苏宁即便再开辟出几条销售渠道，也难以有成效。所以说，转型做电商、运用互联网思维、与互联网企业进行合作等都要基于硬件基础。

结合互联网，硬件也可华丽逆袭

传统的硬件企业有其自身的优点，但其缺点同样也非常明显。传统企业浸淫传统商业思维多年，许多老旧思想观念一时之间无法发生改变，以至于让新型的互联网企业打得措手不及。不过，传统企业一旦观念发生改变，运用互联网思维，利用自身优势结合互联网，一样可以获得成功。

苏宁在转型做易购之后，其打造的苏宁易购8·18就成为了与天猫11·11和京东6·18并驾齐驱的电商三大节日之一。与其他两大电商相比，苏宁易购成立的时间才短短几年，但是它取得的成就却不输于天猫和京东。2014年原本计划在8月22日结束的五天五夜大促销延迟了两天结束，8月18日当天，最高在线人数达到80万，并以36分钟的送达速度刷新了行业最快配送纪录。

苏宁为何能获得如此大的成功？究其原因，一是因为它本身的硬件质量过硬，二是因为利用互联网模式重塑自己。两者结合之下，完成了由硬件到互联网的完美逆袭。

传统企业可以学习苏宁，结合自身的优势，打开一扇与互联网结合的大门。

7. 平台支撑：大平台才能带来大发展

平台思维是互联网企业运营的秘诀。互联网的平台是面向互联网用户的一把万能钥匙，利用平台模式进行运营是非常容易成功的。

互联网平台思维的思想核心是开放、共享、共赢，打造共赢互利的庞大生态圈。在全球的100家大型企业中，有60%的企业的利润来自平台商业化模式。如苹果、谷歌等，所以未来的商业平台之争一定是以平台支撑起的生态圈与生态圈之争。

塑造一个平台是困难的，但平台一旦塑造成功之后，其地位就会相对稳固。如阿里巴巴、腾讯、百度等围绕电商、社交、搜索构筑的强大互联网平台。

所以说，企业要想大发展，就需要去打造一个属于自己的平台。想成功打造一个平台生态圈可以从以下四个方面入手。

一是找到价值点，实现立足。要想建立一个平台，首先要找到自身企业与别家企业共同的价值点，再形成一条价值链，然后再利用价值链去创造更大的价值，这就是企业建造平台的立足点。

二是建立核心优势，扩展平台。企业要在平台基础上建立起如技术、数据、品牌等别人难以模仿的核心优势，这样才能增加平台的可扩展性。企业可以利用互联网效应，迅速将平台做大，以实现平台利益的最大化。

三是衍生更多服务，构建生态圈。平台建立完后，还要为价值链上的其他环节打造更多高效的辅助服务，以增加用户的黏性，将平台打造成平台生态圈。

四是不断升级平台战略，巩固生态圈地位。平台生态系统的价值是随着产业的发展变化而发展变化的，将平台生态系统的功能向更具价值的环节转移和倾斜，才是维持平台生态圈可持续发展的关键点。巩固平台生态圈和巩固其他行业一样，需要对其产业趋势以及用户需求的变化时刻保持关注，然后根据变化不断进行优化。

同时，互联网平台的开放性特质让企业和用户可以面对面交流，这是许多传统企业所缺乏的，同时也是许多人利用各大平台成功的秘诀。

互联网可以让分散在世界各地的人都聚集起来，依靠着网络将信息十分方便地传递出去。用户购买产品可以根据这些信息去选择自己所要的产品，企业也可利用这种社交网络信息的透明无阻碍性来提升自己的销量。

所以，互联网的这些特质让许多人迫不及待地想建立属于自己的平台生态圈。当然，平台的建立不是一件容易的事，更何况是一个庞大的平台生态圈，如果贸然进行平台的建造，成功的概率是很小的。在这种情况下，利用既有平台去发展企业是一个很好的选择。北京醋溜公司就是这方面的典范。

醋溜公司是和君商学院一名学生创立的。这名学生刚毕业时获得了5万元的天使投资，在经历了漫长的7年创业之路后，于2012年成为腾讯的金牌合作伙伴，并获得千万元风险投资。

醋溜开发了一款专注于女性用品导购应用“欢乐淘”，短短一年时间在腾讯开放平台上的日活跃用户就高达80万，而新推出的类似于欢乐淘的产品，在几天时间里就获得了iOS和安卓平台用户几百万次的点击量，如图

4-8所示。

图4-8 欢乐淘、9块9包邮获奖

醋溜欢乐淘的定位是为年轻人提供时尚、文化、娱乐等各方面的互联网应用产品及服务，与市场上的“第一代导购类”应用产品有着明显的区别，欢乐淘的产品模式只有10个。

限量推荐服务是醋溜在开发过程中被反复试验的一种新型导购模式，这种模式受到了许多网友的称赞。腾讯平台上天天分享的10张图、10个笑话、10件糗事等应用，也是由醋溜公司打造的。

欢乐淘的用户群是三四线城市的年轻女性和大学生，因为这两个目标群对产品价格较为敏感，也是QQ空间上活跃度较高的用户。基于这种特质，醋溜就将QQ空间作为公司的产品推广平台。

醋溜利用腾讯这个大平台，打造属于自己的产品，逐步摸索自己的平台，可谓真正做到了“一举两得，多方共赢”。

随势而变，构建平台

在互联网时代，用户辨别同类商品的能力越来越低，现在的市场也随之变为强者越强、赢家通吃的局面。所以一些后来者要想生存下去或是有更大的发展，就要随着产品用户化趋势构建自己的平台。

以阿里巴巴为例，随着互联网的发展，已经塑造出了庞大的上下游用户和强大的货币资金整合平台。为了不让阿里巴巴吞噬掉整个电商市场，后来者们也在不断地构建属于自己的平台生态圈，如聚美优品、乐蜂网等。

善用现有平台

在互联网的冲击之下，许多传统企业已经越来越难做，都纷纷与各大平台生态圈进行合作。

如唯品会，是一家刚刚兴起的购物网站，但因起步晚、实力不足，所以不可能像马云、马化腾一样去建立一个属于自己的网上支付应用，于是它就利用支付宝、微信支付两大平台，方便用户的同时也为自己获得利益。

对于那些本身实力不足以构建起一个平台的企业，就不要贸然去构建。一个平台的构建过程是漫长且需要付出高昂代价的，如果没有雄厚的实力来支撑它，最后的结果就是得不偿失的。

第五章

>> 粉丝经济：传统企业转型需要重建的七种用户观

用户是企业生存和发展的基础。但是，传统企业的用户观念已经无法适应互联网时代的要求。用户转移的成本越来越低，企业维护用户的成本越来越高，失去用户的速度越来越快，究竟是哪里出了问题？答案就是用传统企业的用户观做互联网！本章为你讲述互联网时代的七种用户观，教你打造粉丝经济。

1. 得“草根”者得天下

“草根”思维用文艺一点的话说就是大众思维，“草根”作为一个网络用语，除了其本身含有的自嘲意义，同时也体现了一种自我实现的大众心态，一种对自己莫名激励的心态。

“草根”一词也同样流行在商界中，在互联网界流行一句话：“得‘草根’者得天下”，为什么这么说呢？互联网一份雷人但却真实的调查报告显示：“我国‘草根’人数已达到5.26亿。”这个数字无疑是十分庞大的。

因“草根”人数庞大，所以企业在做服务和产品时不能只想着如何迎合那些高级用户，忽略了这个庞大的“草根”群体。“草根”的数量决定了“草根”喜欢的东西很容易成为一种潮流。

和“草根”逆袭成功一样，在互联网日益普及的今天，“草根”思维凝聚起来的无数“小微”力量成为了中国经济增长的巨大力量。这就是“‘草根’经济”。

除了小米公司外，新浪SHOW无疑也是利用“草根”思维逆袭成功的典范。

傅政军在接手新浪秀后，立刻大刀阔斧地进行了一些改革，首先就是输入几千名主播，其次是增加节目内容。几千名主播演艺内容的丰富多样性，让这个社区迅速有了生气，即使是在凌晨一两点，新浪SHOW仍是热闹一片，如图5-1所示。

图5-1 新浪秀场官网页面截图

新浪SHOW中收入最多的一年赚了50万元，能达到这个收入的基本都有10多万粉丝，单是付费的粉丝就有上万人。但达到这种收入的毕竟还是在少数，9158和区长们向新浪SHOW艺人强调“薄利多销”的理念，意思就是不能光盯着有钱的客户，“草根”粉才应该成为其主要的目标群。“草根”粉贡献的钱虽少，但是聚沙成塔，也是一笔非常可观的收入。

晚上8点，新浪SHOW室主安妮就会炸几个大烟花，通过大喇叭让其他房间的成员来围观烟花，瞬间就聚集600多粉丝。一场下来，安妮扣去买道具的钱，还能赚不少钱。

安妮算过一笔账，只要付费粉丝达到100个，一个粉丝只给30元，积少成多，每个月就能有3 000元的收入。

安妮知道大客户一般不容易拉到，所以一定要拉住“草根”粉的心。有时候，安妮的房间会对外开放，让玩家轮流上麦表演，有些热门的房间排号可排到上百个，一个个轮下来要花三个小时。这一举动，无疑能拉住不少“草根”粉的心。“草根”粉希望在虚拟世界得到逆袭，这种心理在新浪SHOW中能得到充分的满足。

安妮只是一个小小的兼职主持人，只是为了赚一点额外的生活费。9158上的活跃用户有3 000多万个，专业主持人就有将近30 000个，可想而知，这么大的用户量可以为新浪SHOW创造多少价值。

新浪SHOW的成功就是因为他们摸清了“草根”粉的心理，在开拓大客户的同时，主要以“草根”群体为目标群，创造出符合“草根”口味的玩法。得到了他们的心，自然而然地也就能达到“得‘草根’者得天下”的境界。

“草根”经济为什么不断地被应用，且应用得如此成功？主要归功于以下几个方面的原因。

最草根的需求，最大的市场份额

“草根”们最青睐的就是物美价廉且方便快捷的价值体验，同时，个性化的、小众的需求在互联网上也能得到实现。

“有需求才能有市场，有市场才会产生收益。” 在信息不对称的问题得到了有效解决后，“草根”们担心经济损失的心理得以消除，市场的需求量就大大激增。这一点在淘宝上表现得尤为明显，淘宝卖家平台的形成，降低了开店的成本，给了没有太多金钱却又想创业的“草根”们一个成功的机会。这些无数的“小微力量”打造成了淘宝这个庞大的需求平台，在不断循环之下，“草根”的需求才能被最大化地满足。

低廉的流通成本，交易转移到互联网端

在低廉的流通成本这方面，看看快递业的飞速发展就能明白。以2013年光棍节为例，物流主要由申通、圆通、中通和韵达四家物流公司承当。与邮政和顺丰相比，四家物流公司没有统一的制度，但运费却比前两者便宜一半，低廉的价格是“草根”商家最主要的考虑因素。随着电商的持续火爆，

大量相对廉价的劳动力也在不断地涌进物流行业，这就为低成本的物流提供了一种可能。而这种情况的形成正是因为“草根”在流通上的需求。

在互联网时代，消费者的消费模式从实体转向了互联网，互联网的低价交易成本显然也是“草根”们的最爱。例如，小米公司70%的销售依靠的都是互联网。互联网的出现降低了交易的成本，而这种相对自由且低廉的交易模式本身就富有“草根”趣味。对于“草根”们来说，这种模式是他们最需要的，也是最好的选择。

“草根”的需求、供给、流通以及“草根”特有的交易形式造就了“草根”经济的核心力量。“草根”的需求很容易被满足，他们没有高富帅那样的高要求、高标准。所以，谁能满足“草根”的需要，谁就能掌握“草根”的心，从而就能验证“得‘草根’者得天下”这句话。

2. 直接和用户沟通才能了解用户的真实想法

互联网不断影响着我们的沟通方式。

沟通是为了信息能彼此传递，沟通是人类生活中最普遍且最重要的活动，是人们传递思想和交流情感最重要的一种手段。

沟通可以是情感、思想、态度、观点的沟通，传统的沟通方式主要是面对面交流、打电话、写信等被动的信息接收方式。但在互联网时代，沟通方式发生了巨大的改变，电子邮件基本代替了传统信件，即时通信方式在一定程度上也代替了电话沟通，如QQ、微信等。此外，借助互联网还可以通过视频对话的方式进行不限距离的“面对面”沟通。

互联网时代的通信已经方便了很多，只要有网络的地方就可以与人随时随地沟通，可以更快捷地了解彼此的所思所想。可以说，沟通思维在互联网企业中占据着非常重要的地位。

企业直接与用户沟通可以快捷地知道用户需要什么产品，然后就推出什么产品。同时，如果了解到用户对产品哪些地方不满意，也能够随时改进。俏江南虽然是一个传统的餐饮连锁企业，但是它在运营上却搭上互联网这部顺风车，推出了网络营销模式。

互联网营销中，俏江南最注重的就是与用户沟通。早在2007年年初，俏江南就推出了短信平台，方便用户随时向餐厅提意见。由此，俏江南通过与用户沟通，持续为用户送上优质的用餐服务。这种开拓性的沟通模式进一步增强了用户对俏江南的黏性。

随着互联网的不断发展，俏江南也在天猫、京东等各大电商平台开通了网络订餐：在天猫旗舰店里，用户可以购买代金券、优惠券、多人优惠餐饮票等。这种做法也是餐饮业的开创之举，如图5-2所示。

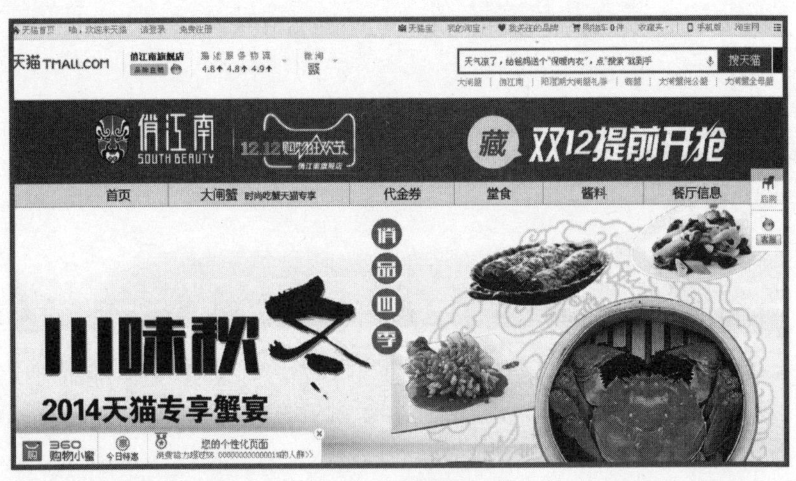

图5-2　俏江南天猫旗舰店

在电商运营方面，俏江南最重视的是在线服务，通过24小时的在线服务与用户进行及时的沟通，解决用户提出的各种问题。

为了进一步与用户进行沟通，俏江南还开设了微博、微信群、微信公众平台等，以方便与顾客进行一对一的沟通。

俏江南与顾客进行的良好沟通为餐饮内部实现了无线管理和信息的即时传递，一旦出现问题就可以马上解决。这种沟通方式不受空间和时间的局限，能积累更多的客户信息和需求，为俏江南下一步的发展提供了依据和参考。

不管是新型的互联网企业，还是传统企业，都要善于与用户沟通，鼓励用户自由表达自己的想法，以便了解用户的心理诉求和消费需求，精准地找到用户的痛点。

沟通成为一种责任

加强和用户的沟通、了解用户的心声是现代企业必须做的功课，只有这样才能建立自己的用户群，进而使企业发展壮大。和用户沟通的方式有很多，如建立微信群、QQ群，开通微博、官网论坛，等等。与用户互动，倾听用户的声音，是企业与用户拉近距离最有效的方式之一。

在这方面，宝洁的飘柔品牌做得就很好，其微信公众号上设置多条在线客服，随时为用户解决问题，并适时地与用户进行幽默互动。此外，客服们还会放下身段，为用户唱一首歌，讲一些笑话等。这种沟通方式让许多“飘粉”很开心，觉得和飘柔之间已经不是用户与企业的关系，而是朋友的关系。

沟通是一种态度

用户和企业沟通时十分在意企业的态度，只有企业表现出诚恳的态度，用户才会主动地说出心里话。所以，企业要主动地与用户进行沟通，表现出自己的诚意。在用户说出自己的意见时，企业应该表现出极大的热情，如“你说得太对了！”“你的经验是值得我们学习的！”等。

飘柔以诚意与用户沟通，不仅是对自己负责，也是对用户负责。只有及时和用户沟通，才知道自己的产品中有哪些问题和不足，才能不断地予以改进和完善。

沟通是一种追求

与用户沟通不仅要用眼睛去观察，还要用心去倾听，分析用户的一举一动，了解他们的真实意图，从而做出正确的判断。

例如，当当网的客服系统设置了常见问题解答、邮件客服、电话客服、在线小当当等多种沟通方式，仔细分析用户信息，依据这些信息改善自己的服务和产品。

在互联网时代，企业要生存，就必须与用户沟通，因为只有不断地沟通才能不断地发现问题、解决问题。

3. 用超值的价值吸引客户的眼球

虽然移动互联网的出现打破了传统商业价值创造的规律，但是用户的根本需求没有变。为客户创造超值的产品是企业必须做到的，唯有这样才能吸引住客户的关注。

只有专注于为客户创造超值的产品才能为企业带来财富。如果企业不能给客户提供超过商品本身的消费价值，客户就没有动力去买企业的产品。

什么样的产品和服务，才能让用户感到是超值的呢？有人说是“给用户带来低价的产品”，也有人说是“为用户带来极致感受的产品”。其实这两种说法都不全面，互联网时代的超值产品是“低价和极致的结合”。只有将这两种性质结合起来，才能让客户感到超值，才能吸引住他们的眼球，从而让他们成为价值的创造者。

此外，免费或低价永远是超值产品中存在的因素，因为价格永远是广大消费者的一个敏感点。在免费产品大行其道的互联网时代，产品如果做不到免费或低价，那就等于直接输在了起跑线上。

当然，免费和低价只是因素之一，产品的极致才是制胜的关键。只有产品做到极致，客户的体验感才会好。两相结合，客户才会为你做宣传，进而吸引更多人的眼球。

“三只松鼠”虽然不算是免费的产品，但它所推出的产品和服务肯定是低价和极致的超值产品。

2012年6月，在大部分人都认为电商行业已经没有多余的市场份额分给后来者之时，“三只松鼠”正式在天猫上线。2012年的“双十一”，其单日销售额就突破了800万元。到2013年1月，其单月的销售额突破了2 000万元，轻松地摘得了全网坚果行业的桂冠。截至2014年，其累计销售量已过3亿元。

章燎原是“三只松鼠”的创始人，在进入电商行业之前，他已经做了9年的职业经理人，曾经有过把詹氏山核桃的年销售额从200万元做到2亿元的辉煌经历。

他对市场有着非常敏锐的眼光，认为电商肯定会不断地对传统企业进行颠覆，或是将传统企业也改造成互联网企业。他在看到电商的庞大市场后决定进入电商行业。其打造的一款詹氏山核桃的电商品牌“壳壳果”，仅用了8个月的时间就卖出8 000万元的销售业绩。看到电商的大好前景，他索性自己创立了“三只松鼠”品牌，如图5-3所示。

图5-3 “三只松鼠”天猫旗舰店

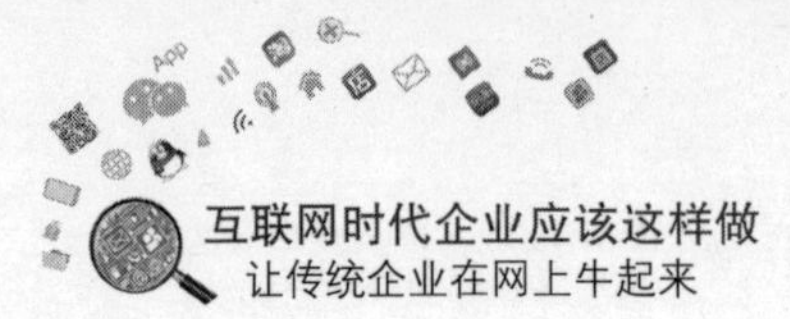

“三只松鼠”的成功就是因为给客户提供了超值的产品。首先，三只松鼠的产品与线下商场同类产品相比，便宜了15%~20%。单是这一点就吸引了大量的客户。客户经过品尝之后，发现确实物超所值，从而对三只松鼠大为认可。

其次，产品极致也是成功的关键因素。三只松鼠旗下的碧根果、夏威夷果、吊瓜子、腰果都选用的是原产地上等的产品。产品质量的保证是三只松鼠的经营理念之一。

最后，提供极致的体验。卖萌打动用户，将每一个细节都做极致，是三只松鼠给自己的要求。三只松鼠还编写了上万字的“松鼠客户秘籍”，推出客服应对十二式，让客服在沟通的开始就能吸引客户的眼球。送货的时候，还会附带上三只松鼠卡通形象的包裹、开箱器、垃圾袋、封口夹等，还包括了微杂志、卡通钥匙等能够传递品牌理念的物品。

超值的产品和服务是吸引客户的不二法则，三只松鼠的成绩无疑是对这个法则的最佳验证。

当然，要塑造一款超值的产品来吸引客户，单是低价和极致的体验还是不够的，还须做到以下几个方面。

时刻为客户制造惊喜

企业要想不断地吸引客户，就需要时刻为客户制造惊喜，如送优惠、送好礼等活动。让限时免费的产品来吸引客户的眼球，撩动他们还在观望的心，在给他们省下金钱时，还能为他们送上快乐。

例如，有些网友在购物时，会发现收到的除了自己订购的商品外还有别的产品，询问客服时才知道这是厂家送的惊喜好礼，而且只有这个时间段下单才会有礼物送。用户收到意料之外的礼物一般会向朋友炫耀和推荐，间接地促进了产品的口碑和销量。

超快递，让客户过瘾到底

在如今电商纵横的世界，消费者的购物习惯已经发生了巨大的改变。从以前的出门购物到现在等货上门，消费方式的改变就要求电商承担的物流发货速度必须快。有许多例子都表明，物流的速度越快，用户的体验越好，让用户越觉得产品物超所值。

网友在京东购物时，在一些地方下午下单，第二天就能收到货，这完全超出了几天才能收到货的期望值。

总的来说，互联网的超值思维就是这么简单：用物美价廉的产品吸引客户关注，用极致的体验留住用户。

4. 和用户谈一场不分手的恋爱

现在，人们获取资讯的渠道都慢慢转向了互联网，与之相对应的，各个企业也希望自己能利用互联网与用户建立起亲密的关系。

企业怎样让自己的产品具有黏性呢？这就需要企业对产品不断地进行迭代更新。当用户给企业创造价值的同时，企业也会给用户带来他们所需要的东西，这样就等于和用户谈了一场永不分手的恋爱。

说到用户黏性的问题，许多企业都错误地认为把用户吸引的时间越长，越能证明企业的黏性强。其实，这是一种非常片面的认知。用户黏性指的是用户对企业产品的重复使用率、依赖度、忠诚度。具体来说，用户的黏性表现在三个方面：一是企业的用户回头率，就是说用户是否会经常购买或使用企业的产品；二是用户与企业之间的互动程度，如用户是否经常对企业的产品做点评，在企业官网留言等；三是用户对企业的品牌认可，如果用户和企业建立起了这种认可关系，那么用户就会在不知不觉中为企业做推广和宣传，并成为企业品牌的追随者。

那么，到底什么样的产品才能加强用户黏性呢？企业又应该从哪些方面来提高产品的黏性呢？

首先，产品的设计足够丰富和有趣，没有丰富的设计和有趣的用户体验的产品注定是失败的，吸引不了用户关注，也就不会有用户黏性。其次，要不断地提升产品的用户体验，使用户能在一次又一次地使用中找到自己需要的东西。最后，企业要不断地与用户进行互动，了解用户的想法，让用户得到企业更多的反馈和服务。

不管怎样，用户黏性是靠极致的产品和服务建立起来的，就比如用户去商店买一件东西，买完了如果没有必要，不会在商场长时间逗留。但是如果用户在商场中发现了有趣的能吸引目光的东西时，就会在商场里待下去，进而更多地了解商场。所以说，企业应该追求更有层次的用户黏性。

例如，clear手机就在增强用户黏性方面做得非常成功，它是怎么做的呢？

clear将简洁这个词运用到了极致，吸引用户抓住最初看到clear时的感动，同时通过创新为用户打造专属的个性化产品，如图5-4所示。

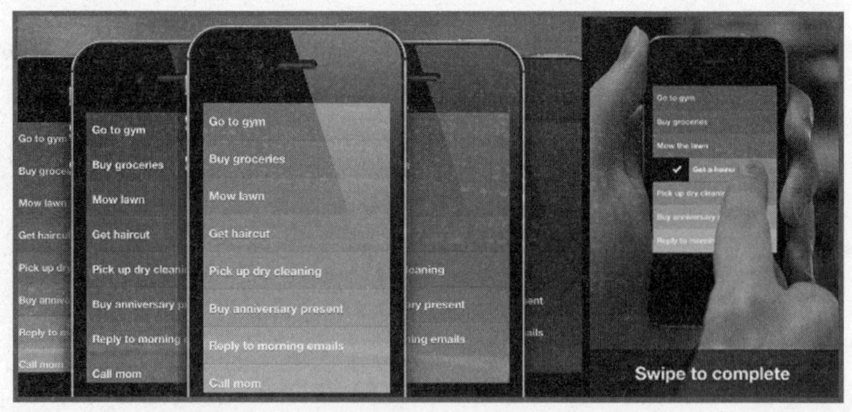

图5-4　clear手机

clear手机最大的一个特点就是没有任何一个按钮，所有的操作都是通过单指和双指来实现的，如任务条的拖曳、添加任务、改变上下级页面等。所有的操作都可以通过触屏来完成，这种特别的操作方式成了clear手机最大的亮点。同时clear手机在页面上使用渐变色，使用户感到眼前一亮，利用颜色作为排序的标记，在主题选项内可以任意改变渐变颜色。这种设计不只体现了clear手机设计时的创意，同时也起到了功能作用。

稳定性和可控性虽然是用户界面不可或缺的两个关键原则，但是出乎意料的东西往往能引起不一样的效果，能擦出新的火花。因为当用户不知道要如何改变现状的时候，对意外事物出现的渴望就会越来越强。

clear手机用户每次清空条目后，其提示语也会马上发生变化，通常出乎用户意料。但是它的目的并不是要添加一种产品功能，只是单纯地为用户带来惊喜。

这样的惊喜还有另外一种表现形式，就是奖励，clear把奖励带入了产品中。为什么人们会沉迷于一款产品不能自拔？原因很简单，因为产品的服务很贴心。例如，用户每次购买clear产品时，都能得到一份作为奖励的礼物；用户在对clear做出评价时，clear也会悄悄地记录下来，等用户再次购买产品时，送上一份意外的奖励。

clear手机不管是在操作系统上所体现出的创意，还是给用户带来意想不到的惊喜，都是增加用户黏性的手段。在互联网时代，除了clear手机，还有很多的企业在使用类似的手段增加用户黏性。

情趣化设计

如果把产品看作一艘小船，那么整个用户群体就像是一条大河——用户越多，大河就越宽广，产品就走得越远。所以不管是哪家企业，只有不断地完善用户系统，想方设法增加用户黏性，才能谋生存，求发展。在推出产品的过程中充分调动用户的积极性，以各种手段吸引用户的兴趣，这是增加用户黏性的基础，也是企业发展的前提。

比邻是一款社区化应用，其从开始的引导体验到注册时加入诙谐幽默的语言，都让用户充分感受到自己与产品之间产生了情感交流。在这种情况下，用户就会非常愿意且积极地去完善资料。这种情趣化的设计比简单枯燥的提示更容易让用户接受。

让用户表现自己

在日常生活中，人们出去旅游的时候都喜欢拍照，或是把这些照片设置为电脑桌面、手机壁纸等。这些行为都是用户喜欢展现自我个性的表现。

在path上用户可以对页面进行自定义，通过发布图片、音乐、电影、位置与朋友进行分享互动，让朋友对自己的分享发表评论。path会将这些评论与用户个人资料链接起来，让用户随时查阅。

用户黏性是一个很重要的互联网概念，企业在设计产品的过程中要时时充分考虑到这个问题。这就要求企业优先为用户解决问题，激发用户的新需求，为用户打造舒心的体验，从而树立企业良好的品牌形象。

5. 只有美好的体验，才有美好的业绩

从小米到黄太吉到马佳佳，都是互联网时代下新商业逻辑的成功运用者。在这种逻辑之下，产品和服务已经成为一个有机结合体，并开创出一个新的“生态系统”，而用户体验就是维护“生态平衡”的重要因素。打造用户体验使小米手机获得了极大的成功，甚至演变为一种为用户创造体验的经济学。

企业要想让推出的产品获得成功，首先就需要提供极致的用户体验。什么是极致的用户体验？比如你观察一个3岁的小孩对iPhone的操作情况，手机开锁，这样小的孩子不用学就会用，因为触摸是人的天性。iPhone利用箭头滑动文字条来引导孩子用手指右滑动就能将锁打开。连3岁的孩子不用学都能会的东西，这种友好的操作过程就是互联网人所说的“极致的用户体验”。

不只是苹果这样的大公司感到了提供极致用户体验的重要性，就连做大众消费品的企业也同样有这种感觉。如今，消费者的影响力已经越来越大，如果你的产品体验足够好，很快消费者就会口口相传，产品销量就会迅速上升；如果你的产品体验很烂，那就会招来骂声一片，你就是打再多的广告也于事无补。

丰收蟹庄是一家大闸蟹连锁店，总部位于上海，创始人傅骏在创办丰收蟹庄之前从事的是广告行业。在丰收蟹庄起步之初，傅骏经常赔钱，经营一度陷入困境。他想为什么我的产品这么好，销量却这么差呢？

傅骏花了一年的时间做调研，发现螃蟹对于一般家庭来说是昂贵海鲜，基本上都是拿来送礼的，但是拿螃蟹当礼物一般都没有好的包装，显得很不雅，所以有许多人碍于面子，也就不拿螃蟹当礼品了。傅骏有着广告人的敏锐眼光，既然大家嫌弃螃蟹不够美观，那么我就把它的包装做得精美点。

傅骏的想法没错，螃蟹经过包装之后，许多送礼的人感觉挺有面子的，于是买螃蟹当礼物的人渐渐多了起来，如图5-5所示。

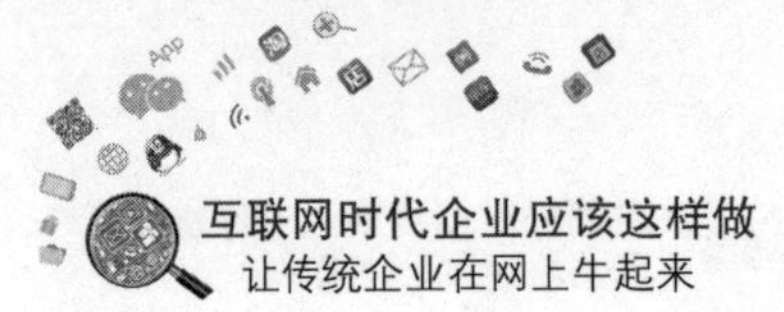

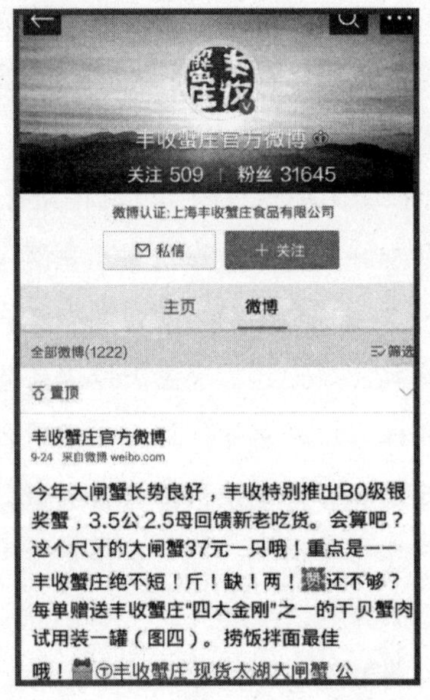

图5-5　丰收蟹庄官微截图

但此时问题又出现了，即使把螃蟹包装得再精美，它还是有点土气，而且拎着螃蟹登门拜访也不方便，螃蟹的保存时间也有限……这些都成为傅骏想把螃蟹卖出去的阻碍。于是他又想出了用礼券代替实物的办法，客户可以在丰收蟹庄购买礼券作为礼物送人。持有礼券的人只要打个电话，丰收蟹庄就可送货上门。同时，丰收蟹庄还开发出一种全新的保温箱，以确保螃蟹的新鲜。

不仅如此，傅骏也考虑到了对大多数人来说，吃螃蟹是一件麻烦的事情，除了螃蟹之外，还要准备各种各样的配料。于是傅骏就找了一家非常有名的做手工醋的工厂，研制了一种大闸蟹蘸料。

傅骏把蘸料、绍兴酒以及附有做法、吃法的卡片一起配置进礼盒，解决了客户的后顾之忧。

这些改变大大地提高了丰收蟹庄的螃蟹销量，广告业出身的傅骏明白：“只有极致的产品体验，才能带来更多的客户。”

丰收蟹庄的成功很好地证明了在互联网时代，一个产品能不能获得成功，用户体验是关键。在互联网时代，用户买了你的产品并不代表同你的交易就结束了，恰恰相反，在用户买你产品的那一刻，用户体验之旅正式开始。只有不断地为用户打造极致的体验，用户才会不断为你的企业创造价值。

完美的体验也不是一蹴而就的，只有不断地发现问题、解决问题，才能不断地为用户提供极致的体验。

怎样让产品有极致的用户体验呢？一般来说，一个好的产品一定要具备以下三种特质。

超出用户的预期，给用户带来惊喜

相信许多企业为了提高销量都尝试过很多营销手段，一般来说，只有超出用户预期的营销才会取得良好的效果。这种超出预期的体验感往往会给用户一种很强的感观冲击，让用户一下子就能记住你的产品和品牌。

《商业秀》作者斯考特·麦克肯（Scott McKain）遇到过这样一件事，一次他到一个城市做演讲，但不巧的是他的行李被航空公司塞进了另外一个航班。无奈之下，他试着通过电话让男装品牌Men's Warehouse根据他的尺码准备西装。之前他虽听说过这个品牌，但没买过。结果是，这一次的购买让他成为这个男装品牌的忠实客户。原因很简单，因为Men's Warehouse的迅速反应和衣服质量都超出了他的预期，而且还为他准备了藏青色和炭黑色两套服装供选择。

极致的用户体验就要让用户充分感觉到

人们过去对用户体验的理解是产品的外观和包装，但这只是较小的因素，让用户获得极致的体验才是最重要的。对于企业来说，用户体验不是纸上谈兵，而是要落实到实处。

有一家知名通信公司所推出的手机产品的卖点就是绿色无辐射，但这个卖点并没有获得成功，因为用户根本无法判断和感知这个绿色无辐射到底在哪儿。

从细节处开始极致

许多商家觉得自己的产品已经做得很完美，却不知很多用户在细节上还有着种种不满意的地方。如果商家能意识到这一点，持续不断地对产品精益求精，那肯定会获得更多、更好的口碑传播。

汉庭酒店的成功就是源于它对细节的追求。汉庭在每个房间配置了五种枕头，为用户解决因枕头不适而睡眠品质不好的困扰。汉庭是国内第一家这么做的经济型酒店，就是因为它能将这样的小细节做得完美，所以才有了这样的成功。这就是细节的魅力。

由此可见，用户体验适合不同行业、不同背景的企业，不管怎样打造极致的用户体验，其定义永远只有一个：“只有美好的体验，才有美好的业绩。”

6. 关注你的用户，而不是你的账户

在传统商业思维影响下，许多企业只关注自己的“账户”，而不是“用户”。一切以先赢利为衡量事物的标准，认为：“我现在要是亏本了，那以后还能赚得回来吗？”

一些传统企业在向互联网转型之初，就只简单地考虑到自己要卖东西，要让资金马上得到回转，照搬原来和客户打交道的方法，然而没多久

就发现自己玩不转了。这就是眼里只有账户而没有用户导致的。

在传统商业时代，客户在企业眼中就是账户，客户代表的就是利润。而现在还用这种观念经营企业，往往很容易导致客户流失。因为你看客户的眼光是其能为企业带来多少利润，而客户看你的眼光也不外乎你能为他提供多少便利。这样，一旦客户有更好的选择，马上就会跟你说拜拜。

但是，互联网企业并不是这样，它们首先关注的是用户的需求，因为它们明白，只要用户满意了，自己账户里的钱还会少吗？所以，互联网企业都把消费者当成用户来对待，而不是客户。

用户和客户的区别就是：用户联系的是感情，客户联系的是金钱。

在传统商业模式下，你把东西卖给了客户，钱转入账户，目的就达到了，但现在规则变了，你把东西卖给用户，才是双方关系的开始。只有秉持这样的理念，用户才会自愿把金钱汇进你的账户。

80后、90后已成为现今社会的消费主力，他们追求的是产品的使用感受。所以，企业应该让用户感觉到你在不断地为其着想。企业只有更多地考虑用户使用产品的感受，用户才会关注企业，成为忠实用户。

一般来说，要想牢牢地抓住用户的目光，典型的一招就是抓住他们的偶像，让他们的偶像代言，这是一个非常有效的策略。

很多互联网平台都在运用这种方式，其中最典型的例子应该算是“乐蜂网”。“乐蜂网”在发布相关信息的微博之后，包括羽泉、马伊琍、谢娜、高圆圆、佟大为等在内的众多明星都会陆续转发，乐蜂网也会不断地与这些明星进行互动。

明星都有大量的粉丝，而粉丝看到自己喜欢的明星与乐蜂网的关系这么好，就会去关注乐蜂网到底是做什么的，这样就很容易变成乐蜂网的产品用户。

同时，乐蜂网还吸引许多来自时尚界和美容界的专家、明星进驻，专门为女性解决时尚美容难题。乐蜂网聚拢了许多国内大批有影响力的达人，并且通过海选的模式发布美妆达人征集令，寻找许多藏身在民间的美妆高手，从而形成一个颇具影响力的人群。达人推荐的产品也获得了许多用户的信赖和追捧，并成为产品销量增长的关键因素，如图5-6所示。

图5-6　乐蜂网达人征集令

乐蜂网凭借着这种模式聚拢了大量的用户，成为许多80后、90后购买美妆产品的首选之地。

传统企业应该学习互联网企业这种对待用户的方法，对自己的客户时刻保持巨大的吸引力，以利益吸引转为精神吸引，以提高客户变成用户的转化率。

那么，传统企业怎样才能把关注账户的目光转移到关注用户上呢？要学会从以下两点着手。

不要为了账户短视地伤害你的用户

为什么有些企业转型互联网走向了失败？其中最主要的一点就是太在乎自己的利益，为了利益而去做出一些伤害用户的行为，如为了节省成本而用劣质货，或是为了省下后期服务运营的费用，对用户提出的问题视而不见，甚至有些企业为了获取暴利，而不管产品会不会对用户造成伤害。

淘米网旗下的产品《摩尔庄园》是一款颇受孩子欢迎的社群化产品，却一直秉持去商业化的道路。他们深知自己的使命，就是要为孩子建立一个最安全健康的虚拟世界。《摩尔庄园》和其他社交网站最大的区别就是限制沟通，禁止输入电话、手机号码等，避免对孩子不利的负面因素。例如，《摩尔庄园》会限制孩子的在线时间，避免孩子玩物丧志。每个家长都希望能给孩子带来一个健康、绿色的产品，所以过多的商业化因素会造成用户对该平台信心的丧失，反而得不偿失。

为用户带来难以拒绝的价值

这种价值也许不是你能为用户提供多少优惠、金钱——有时这些并不是用户在第一时间需要的。在互联网时代经营产品，暖人心比充实口袋更重要，许多时候用户需要的是一种贴心的服务。

孩子王电商在这方面就做得非常好。它们关注到妈妈群体的一个特性，那就是在给孩子接收货品时，如果面对一个男快递员，会产生一种不安的心理。因此，孩子王就针对这一点，安排有育儿经验且有一定妇幼保健培训经验的女性来充当送货员。改变了送货员的性别后，妈妈群体们对“孩子王”电商的好感度直线上升，对这个平台的黏性也越来越强。

7. 要把用户变成你的粉丝

在互联网企业纷纷崛起的今天，传统企业怎样才能跟得上移动互联网的发展脚步，向互联网企业转型呢？这个问题想必时时刻刻都在困扰着传统企业的企业主们。

传统企业要想向互联网企业转型，首先必须确保自己对核心用户群的吸引力，尽可能地提高核心用户群的活跃度。同时，还要将普通用户转变为粉丝，再将普通粉丝转变成核心粉丝，最后产品销量自然会提上去。

什么是粉丝？粉丝是一群相当特殊的用户，他们对企业的关注行为能为企业产生很大的价值。粉丝都是潜在的购买者（或者是最忠实的购买者），舍得为自己喜欢的产品花钱，就如明星的粉丝甘愿天南地北追着明星的演唱会跑一样。

如今是粉丝经济的时代，一家企业粉丝多，市场份额也就多。粉丝对企业忠诚，企业在市场的地位就稳固，企业品牌的发展潜力就越大。

所以在这个粉丝当道的时代中，商家要做到用产品吸引客户，用企业文化感染用户。用户变成了粉丝，就会主动地向别人推荐你的产品。

粉丝的重要性在影视界中得到了彻底的体现，粉丝电影可以说已成为国内电影市场一项新生却重要的电影类型。

自杨幂2009年出演了一部投资几百万元却获得9 000万元票房的电影《孤岛惊魂》开始，粉丝就开始在电影电视界大行其道了。

2014年郭敬明的《小时代3》与韩寒的《后会无期》显然就是粉丝电影的代表，如图5-7、图5-8所示。

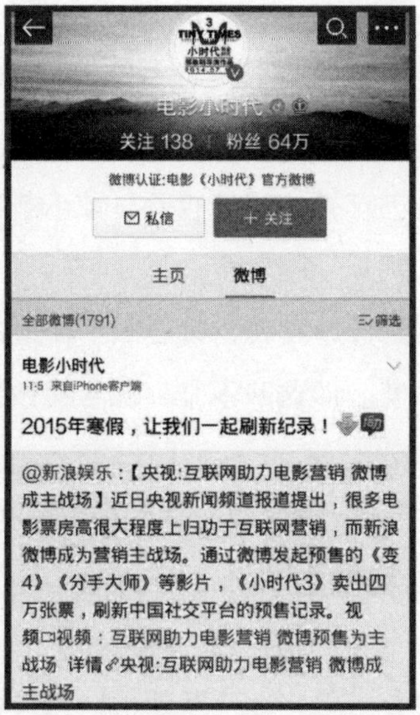
TINY TIMES
电影小时代
关注 138 | 粉丝 64万
微博认证:电影《小时代》官方微博
私信
+ 关注
主页
微博
全部微博(1791)
筛选
电影小时代
11-5 来自iPhone客户端
2015年寒假，让我们一起刷新纪录！
@新浪娱乐：【央视:互联网助力电影营销 微博成主战场】近日央视新闻频道报道提出，很多电影票房高很大程度上归功于互联网营销，而新浪微博成为营销主战场。通过微博发起预售的《变4》《分手大师》等影片，《小时代3》卖出四万张票，刷新中国社交平台的预售记录。视频□视频：互联网助力电影营销 微博预售为主战场 详情↗央视:互联网助力电影营销 微博成主战场

图5-7 《小时代 3 》官方微博截图

后会无期
关注 433 | 粉丝 54万
微博认证:电影《后会无期》官方微博
私信
+ 关注
主页
微博
播客
最新节目
直击《后会无期》荔枝FM专场首映会
2014-07-25
订阅
全部节目
直击《后会无期》荔枝FM专场首映会
177次听
订阅
冯绍峰为你读诗-候车室

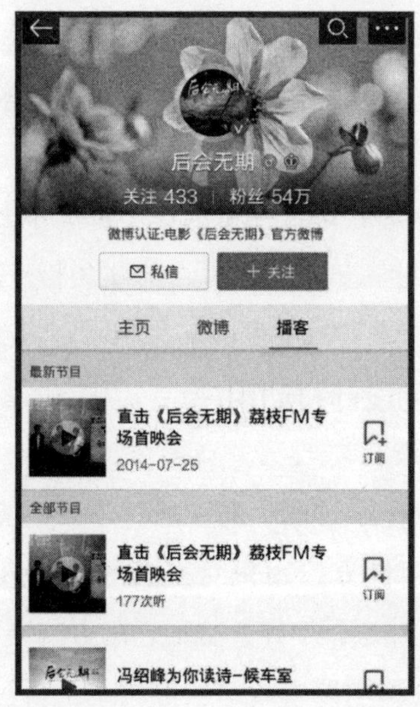

图5-8 《后会无期》官方微博截图

《小时代3》收到了无数吐槽，韩寒的《后会无期》也显然不如网友的预期，但这丝毫不影响两部电影的高票房。

票房成功的背后就是粉丝的力量展示，无论电影或电视的情节有多俗套，粉丝们都会冲着自己喜爱的明星收看，并不断地在微博上刷话题，拉高电影票房或电视收视率。

推而论之，企业要想长远发展，就必须不断地把普通用户变成粉丝，不断地巩固粉丝的忠诚度。但这并不是一件容易做到的事情，“拉拢”粉丝首先要做好以下四点。

参与感，我的地盘我做主

要给予用户充分的参与感，如不断地采取用户提出的建议，让用户参与一些企业的重大活动（或是产品的研发过程），提升用户的参与感。当用户有了这种感觉之后，同企业之间的隔阂就会消失，距离就会拉近，进而就可能成为企业的忠实粉丝。

魅族这一点做得非常好，他们先根据用户的需求设计相关产品，然后在粉丝圈中进行小规模内测。粉丝给魅族反馈自己的意见，然后魅族再根据粉丝意见进行改进。魅族每台手机的诞生都离不开用户给出的建议。魅族让用户有了参与感，也因此拥有了众多忠实的粉丝。

体验感，以人性化设计打动用户

仅仅给用户参与感是不够的，还要通过不断改善产品的体验来巩固用户的忠诚度。在互联网世界，用户对产品的体验感会越加挑剔。体验感好，用户就会把它推上神坛；不好，就把它踢出市场。

例如，新浪微博自诞生以来就不断地在调整自己的网页和功能，刚开始微博和普通论坛一样，要一页一页地翻，这让许多用户感到不耐烦，现在则直接往下拉一下就可以实现翻页了。体验感的改善，让用户更乐意每天花点时间刷刷微博。

尊重感，平等以待玩转粉丝经济

企业若想获得广大用户的心，首先就要充分尊重用户。普通用户最在意的是企业能不能给予自己充分的尊重。一般情况下，用户体验到了尊重，就会成为铁杆粉，否则，直接粉转黑。

成就感，借助企业提升自我成就感

用户所追求的是自身的成就感，参与企业运营，提出产品建议，都是为了追求一种成就感。因为当企业成功之时，用户就会感觉这种成功也有自己的一份功劳。

传统企业要实现向互联网企业的转型，必须利用各种方法建立起自己的粉丝群。这就需要企业给广大用户充分的参与感、体验感、尊重感、成就感。

第六章

>> 产品为王：传统企业转型需要更新的七种产品观

互联网时代，不管是产品还是服务都是以用户为中心的。互联网产品的特点是什么？创新、用户参与、有性格、有亮点、简约、极致……在人人都追求自我个性的今天，产品需要有自己的特质，这才是吸引用户的关键。所以，传统企业向互联网转型，首先要更新产品观，打造符合互联网用户群需求的产品。

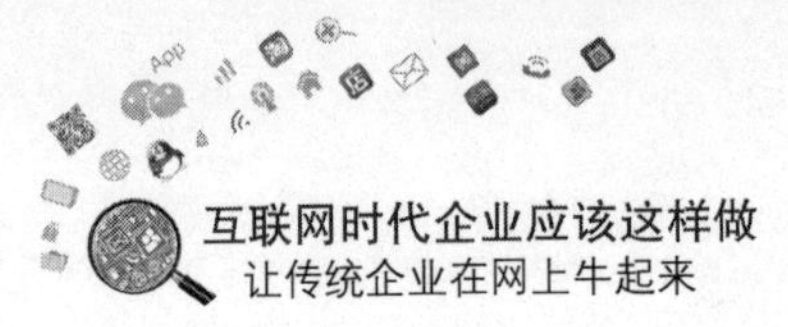

1. 持续创新产品才能留住粉丝

互联网时代的创新思维是什么？它是指企业要不断更新自己的想法，紧跟时代潮流，要敢于提出别出心裁的见解，利用别具一格的思想来设计改进或者创造出新的产品。

互联网时代的创新思维有两层含义：第一是吸收新思想，要不断地吸收新的思想才能跟上时代的步伐；第二是创造新的产品，只有不断推陈出新，才能吸引和巩固粉丝。

创新是考验一个企业认识能力和实践能力的标准，是一个企业能持续发展的外在表现，是推动企业进步的不竭动力。一个企业如果要想在这竞争激烈的互联网时代打下一片江山，就需要不断地创新。

创新无疑是领袖型企业共同总结出的主题词，如苹果、腾讯、百度、谷歌等，它们鼓励人人提创意，人人搞创新。这些企业旗下的许多产品都源自某一个员工的灵感。无论你是不是管理人员，只要你有想法都可以提出来。事实上，这些企业不仅鼓励员工不断地在方法、内容上找寻更好的技术方案，还采用最完备的保障和激励机制来激发员工的个人创意。可以说，这些互联网企业以全面的技术创新、管理创新甚至是团队运营模式的创新，来推动企业不断向前发展。

互联网企业能够在短短几年得到这么快速的发展，就是因为它非常明确地把创新放在了企业经营的第一位，产品理念围绕创新，依靠产品创新将企业发展壮大。

传统企业想在互联网时代生存，必须适应互联网思维，否则发展的路会越来越窄。以曾经风靡全中国的飞跃鞋为例，曾几何时不见了踪影，然而现在，飞跃鞋却借着互联网思维打出了一个漂亮的翻身仗，逐渐焕发出了新的生机。

在互联网思维的影响下，飞跃鞋聘请法国设计师进行了重新设计，走高端路线，在巴黎最大型的时尚卖场展览，很快获得众多知名时尚人物的喜爱。

之后，飞跃鞋成为众多国际明星的宠儿，不但登上了时尚杂志的封面，还畅销各个国家。

谁也未曾想到，在国内已日薄西山的飞跃鞋，居然在海外迎来第二个春天。

缘何出现这种墙里开花墙外香的情况？一方面，西方推崇复古风和中国元素。老气过时的飞跃鞋被法国设计师改良创新后，焕发出了新的光彩。他们不但对飞跃鞋进行了全新包装，还给各个款式取了专门的品牌名称。例如，有一款粉红色的女鞋取名为“甜蜜的风”。

另一方面，法国人还为飞跃鞋建立了网站，与消费者时刻保持互动，听取消费者的建议，不断地对飞跃鞋进行改良设计。不仅如此，飞跃鞋还针对现代人追求个性和创意的特点，在飞跃网站上为各款鞋建立了“个人档案”，如图6-1所示。

图6-1 上海生龙鞋业有限公司法国飞跃鞋中国代理商

法国版飞跃鞋为什么能取得如此骄人的成绩？就是因为它们敢于创新。没有资金做广告，就建立网站，通过互联网来宣传产品；没有经销商，就直接开网店；没有钱请明星代言，就找模特和街头艺术家穿鞋拍照。这些做法反而比请大明星代言更加有效果。

由此可见，创新、改变旧思维在互联网时代下的企业经营中是多么重要。同时，飞跃鞋在国内外市场的不同境遇，也证明了互联网创新思维的重要性。

企业在保持创新精神的同时也要考虑以下两个问题。

创新的立足点是对用户需求的正确理解

创新虽是产品设计的前提，但是产品创新的立足点一定是对用户需求的正确理解。

企业在对产品进行创新时，需要对用户需求做非常细致深入的研究。不仅要考虑到各个阶层、各个年龄段的用户对于信息安全、沟通、娱乐、交易等多层面的需求，还要充分考虑用户在单位、学校、家庭等各个不同环境下的商务、学习、休闲等需求。

腾讯的QQ live与其他live 不同，它把在线观看节目同聊天功能相结合。腾讯的QQ live不仅可以在线观看节目，还可以与其他用户进行实时讨论，进行QQ投票。这些都给用户带来了非常好的体验。

产品创新要落到实处

对用户的关注和对产品的创新不能单单停留在想象层面，要将新思想、新创意落到实处。创新不仅是一种别出心裁的设计，同时也是一个具体了解用户实际需求的活动。

QQ秀是腾讯整合创新后的新产品，腾讯不但将QQ秀与QQ进行无缝衔接，还推出了自主研发的新技术3DQQ秀。

互联网时代下的创新都是围绕着用户需求的，企业所推出的每一款新产品必须是用户迫切需要的。企业要想一直抓住用户（粉丝）的心，就要不断地对产品进行创新。

2. 给用户参与产品设计的权利

参与感是什么？参与感就是给用户参与产品设计的权利，就是把产品、销售、品牌、服务等一系列的运营过程向用户全面开放，邀请他们参与进来。简单地说就是与用户携手建立一个可触碰、可拥有、双方共同成长的品牌。

参与感有个“三三法则”。第一个“三”是三个战术：扩散口碑事件、设计互动方式、开放参与节点；第二个“三”是三个战略：做粉丝、做自媒体、做爆品。总的来说，三三法则的核心就是用户参与感。

在中国飞速发展的几十年时间里，消费者对于选择商品的想法发生了巨大的改变。用户在购买一件商品时，从最初的功能实用式消费，转变到品牌式消费，然后又转为近几年流行起来的体验参与式消费。

在品牌式消费最疯狂的年代，保健品品牌太太乐口服液和白酒品牌茅台最具代表性，太太乐的品牌广告覆盖了中国大部分地区，品牌知名度给予了企业无数的辉煌。

伴随着体验式卖场取代传统百货商店，消费者对于食品要不要买，先尝尝好不好吃；衣服要不要买，先穿一穿看看好不好看；手机要不要购入，先到店里试试好不好用。

参与式消费已经是现今商业销售的重要模式，各大企业为了让用户有更深入的参与感，一开始就会让用户参与到产品研发的过程中来，当然还

包括市场运营。

随着各大企业运用参与思维的成功，互联网参与思维已经从企业这种模式蔓延到了娱乐圈，许多明星经纪公司开始用粉丝参与感来塑造明星。

以时下炙手可热的TFBOYS组合为例。TFBOYS组合是谁？TFBOYS三名成员王源、王俊凯、易烊千玺平均年龄15岁，别看他们年纪轻，但人气却盖过了无数资深艺人，如图6-2所示。

图6-2　TFBOYS官方微博

你只要用搜索引擎搜索他们的名字，就能搜出上亿条相关信息，就连在中国火得一塌糊涂的金秀贤也不过7 000万条。2014年5月在湖南录制综艺节目《快乐大本营》时，当天的入场券可谓一票难求。

再看一下TFBOYS成员的微博情况。成员王源在六一当天发的一条微博转发量达到8.5万，评论量近8万。另一位成员王俊凯在临近中考时发的一条微博引起了27.4万次的转发量和28万条的评论量，为王俊凯送上中考祝福的微博话题量更是达到2亿条，被网友戏称为“史上最牛中考生”。

TFBOYS的出道方式和传统艺人的出道方式不同，这个组合是其经纪公司时代峰峻围绕粉丝的诉求而进行设计打造的。传统艺人的出道方式一般是产品公司挖掘艺人，然后签约，接着宣布艺人出道，开发布会，邀请媒体进行相关报道，为其广发通告，然后再出唱片或是演电影、电视剧等。在这种流程之中，粉丝一般处于最末端，很少参与，对于艺人的出现只能被动接受。

TFBOYS三位成员之所以能从许多参与者中脱颖而出，完全是粉丝参与选择的结果。从2009年开始，该经纪公司就将许多练习生的视频放到网上，然后观察粉丝的反应，最后选择人气最高的练习生组成组合。

TFBOYS的出道模式属于“养成模式”——粉丝伴随其长大。前期，该公司就不断地鼓励粉丝提意见，到了后期，许多姐姐阿姨粉就开始主动在微博上进行爱的吐槽。除了希望TFBOYS能不断进步，甚至还会为该公司的发展运营提出相关意见。粉丝们最具代表性的建议都会运用到自制的综艺节目中去，粉丝的种种问题都会在“粉丝提问”环节中让TFBOYS进行随机解答。

这种明星养成模式等于是向大众贩卖梦想，让粉丝感受偶像的正能量，得到梦想和希望。然而在这个梦想实现的过程当中，粉丝由于得到了充分参与，从而能与偶像感同身受。这样，粉丝黏性很强，一般都不会轻易脱粉。

TFBOYS的例子证明了参与思维不但在企业运营中具有重要的作用，在其他行业也一样。

让用户参与产品设计，满足他们的心理需求

让用户参与，满足他们“在场介入”的心理需求，给予他们抒发“影

响世界”热情的机会，这是参与思维的首要条件。

内容型UGC模式产品一直都是最受欢迎的互联网产品，比如在动漫文化圈，著名的“B站”这款产品就是其中的代表。动漫爱好者们通过吐槽、转发、戏仿以及再创作等多种方式宣传动漫文化，营造出了别具一格的亚文化话语体系。

无论产品怎样变化，都让用户参与其中

不管产品如何进行优化和升级，都要持续做三件事：一是不断完善产品，为用户提供更极致的服务；二是加强产品社交连接能力，让更多的用户参与其中；三是把用户的角色定位为参与者，而不是客户。

以微信红包为例，它的到来让用户欣喜若狂，疯狂争抢后又争先模仿，不断地扩大影响。许多人在微信上都找到了参与的快感。接着微信又结合网友提供的意见推出了微信钱包、转账、面对面收款、刷卡等一系列极致服务。这些都让用户全程参与了进来，让用户产生了一种极具黏性的参与感。

给用户参与产品设计的权利，要让用户深深地感觉到与企业不是简单的买卖关系。作为企业，唯有给用户充分的参与感才能让自身保持持续发展的动力。

3. 有“性格”的产品就有灵魂

互联网时代的来临使消费者的整个消费观念发生了翻天覆地的变化，正如有人所说的那样：“互联网让每个人都像是坐上了过山车。”

生活在互联网时代的企业人最深切的感受，就是不得不改变旧思维，

以适应正在不断变化的一切，而“个性”就是在适应了这种思维和市场趋势的前提下所产生的。

在互联网的影响下，个性正在不断地进行蜕变，服务领域在不断扩展，内涵在不断加深，用户满意度也在不断攀升。就如打车软件和个性定制公交对传统交通行业的影响；又如旅行路线和白酒销售为了满足更多小众且多样的需求，通过互联网征集数据，通过大数据分析后，实现了小众市场的深度发掘。

每个人都有自己的个性，而独特的个性容易引起别人的注意。企业的产品也是一样，市场上千篇一律的产品永远缺乏魅力。故此，企业在打造产品时，一定要将产品打造得有个性、有灵魂。

互联网个性思维在地产行业运用得非常广泛，如颐高。人们提到颐高，第一时间想到的就是一家数码产品电商，然而这家企业却涉猎了房地产项目，向大众展现了颐高既多样又有个性的一面。

颐高做房地产与万科有着本质上的不同，其注重大数据背后的个性化产品，更注重对用户个性化需求的分析，如图6-3所示。

图6-3　颐高养生养老地产项目

颐高做养老地产看中的是现代人对精神层面的个性需求。为什么要做这样的项目？首先这是用户所需要的，是从体验需求和自身需求出发的个性化创立。其次养生养老模式的个性化，是让普通用户消费得起，满足不同消费者的要求。

中国幅员辽阔，南北差异、文化差异、地域差异很大，颐高在做养生养老项目时充分考虑到了这些。针对这些差异，建立不同个性的项目：有高大全的，也有温馨小巧的；有富丽堂皇的，也有清新淡雅的。

颐高将互联网思维植入产品，用碎片化时间来做养生养老地产。利用互联网经营地产项目，将其植入所有的产品设计中，然后再植入消费、资源中去，通过个性化的设置来满足消费者的需求。

个性思维是企业在设计产品过程中最为重要的因素之一，本质是服务客户。客户的需求是什么？是大众化的还是小众化的？这些问题都是企业主在推出产品时需要考虑到的。如果不充分考虑到这一点，那么所谓的个性，所谓的产品灵魂，也只是空洞的名词。

有性格的产品要从用户需求出发

个性，意味着产品要抓住用户需求的独特点，准确地抓住用户的痛点，让用户充分感觉到产品的灵魂。

“碰碰瓷”小酒是深圳碰碰瓷酒类营销有限公司的一款小酒品牌，以“个性概念小酒”为品牌定位，并结合传统酿造工艺与当代时尚元素，为年轻消费者提供了一款以“碰文化和个性调酒”为核心的时尚个性小酒。

“碰碰瓷”个性小酒的创造团队可以说是国内从事个性化定制的翘楚。他们的所有产品开发流程和产品思维，都是针对用户个性化需求为出发点的，所以，满足用户的“个性化”需求是这款个性小酒的发展根本。

从个性走到极致，超出用户的期待值

让持续的个性发展走到“极致的境界”。个性化的极致讲究的是品质

与创意的结合，而且这个品质和创意一定要超出用户预期。

“碰碰瓷”小酒就是以用户的创意和想法作为策划设计的依据，不同的用户就意味着不同的产品。“碰碰瓷”小酒的极致就是在每个用户提出自己的想法后，为用户带来一款超出其期待值的产品。

通过互动来了解用户个性

在与用户互动的过程中，个性化产品的制造同样重要。只有不断地了解用户需求、创新形式，才能为用户呈现出新颖且个性化的产品。这样一个过程看起来虽简单，但随着用户需求的变化，往往等到企业将产品推出市场后，仍然难以满足用户的需求，甚至还会大大落后于其他同期产品。

“碰碰瓷”个性小酒充分把握到这一点，多年来专注于与用户互动，以最快的速度制造出符合用户需求的个性化产品。

不论是颐高还是“碰碰瓷”小酒，它们的成功都是因为充分把握了用户的个性化需求，从而通过了解用户的个性化需求打造出个性化的产品。产品有了个性、灵魂，自然能抓住用户的心。

4. 别把产品核心优势藏起来

许多企业由于对互联网的不了解以及对自身的忧虑，在互联网面前选择了退缩，即使有些企业大胆地选择了往互联网方向发展，但也将大部分的精力和重心放在了技术开发上。这样，虽然企业的互联网技术提升了，但是企业的用户却依然没有增加。

出现这样的情况并不是因为企业选择往互联网方向发展的策略是错的，而是在这个转型过程中用错了方法，没有将自己的产品优势展示出来。

在互联网技术方面，传统企业落后互联网企业已经是个既成的事实，一时之间想追上它们，恐怕要付出不小的代价。而在这个追赶的过程中，传统企业又将自己的核心价值遗失了。在赶不上互联网企业又失去了自己优势的情况下，企业转型注定失败。

所以，传统企业在选择转型时要懂得把握好自己的重心，既对互联网技术的学习不能落下，自己本身的优势也要发挥出来，唯有二者结合才能达到预期的效果。

怎样才能将自己的核心优势表现出来呢？这就要求企业学会互联网的亮点思维，把自己产品的核心优势展示出来，让每一个目标用户都知道这款产品的优点。

顺丰快运旗下的电商网站顺丰优选懂得利用互联网，懂得向用户全面展示自己产品的核心优势。

在这里，用户可以买到国内没有销售的外国食品，而顺丰优选也可以凭借着顺丰快递本身的快捷特点为用户快速送达。这使得顺丰优选在短时间内就成为人们喜爱的电商网站，如图6-4所示。

图6-4　顺丰优选官网截图

作为传统企业，如何才能在同质性很强的电商平台中脱颖而出呢？这就需要发挥企业本身的核心优势，为电商网站打造独一无二的个性特点。

顺丰优选在这一点上无疑为其他电商树立了典范。首先，顺丰优选做的项目并不是传统的服饰、鞋包，而是食品，这就为自己减少了同别家竞争的风险，保留了自己的优势。

其次，顺丰优选并不主销生鲜食品，因为生鲜食品保质期短，包装困难，所以在快递过程中容易造成大量的损耗。所以顺丰优选是以外国的进口食品为主要经营项目。旗下的产品百分之六七十是进口产品，来自全球60多个国家和地区，类别主要有酒水饮品、母婴食品、休闲食品等。这种定位在很大程度上提高了其自身的品质。

最后，顺丰优选产品的目标群主要是中高端人群，他们对价格并不太敏感，追求的是产品品质，而顺丰优选的品质刚好符合了他们的需求。

以上这些独特性就是顺丰优选的优势。

最重要的一点就是，顺丰优选是顺丰快运旗下的产品，其过硬的物流服务为其打下了一个其他电商平台无法比拟的基础。其他电商平台常常出现的物流延误问题，在顺丰优选完全不存在。

这些优势都是顺丰优选独一无二的，所以它才从竞争激烈的电商大战中脱颖而出。

顺丰优选的例子表明，传统企业要转型为互联网企业，不能一味地随着大众潮流走，而忽视自己的优势。要明确自己的优势在哪儿，并将这一优势发挥到极致。

一样的互联网，不一样的品牌定位

一样的互联网，不一样的品牌定位，就能让企业有不一样的成就。

怎样打造一个不一样的品牌定位呢？这就要求企业依据自己的产品优势，选择从事的领域和经营的方式方法，唯有这样，才能打造出独特的品牌。

以优购网为例，经营项目包括鞋包、服饰、化妆品等，但它的主销产品是鞋子。鞋子是优购网最大的销售优势。优购网将这一销售优势充分发挥出来，让鞋子成为该平台最具代表性的项目。久而久之，人们提起鞋子就会想到优购网，提到优购网就会想起鞋子。

亮点也需要宣传

如果你的产品有优势却不能充分展示，那么，产品即使再好也终将被埋没。你每新上一款产品，就要将这款新品的优点通过微博、微信等平台传播出去，让用户看到。

互联网上的一个又一个事例表明，传统企业要想向互联网企业转型，首先就需要发挥自身的优势，将之充分融入互联网中，打造独一无二的产品品牌，展现产品品牌优势，将产品的亮点充分展现出来。唯有这样，用户才能了解企业，进而选择企业。

5. 产品设计要做减法

如今，已经是信息大爆炸的时代，面对庞大的信息量，用户的耐心变得越来越少。所以，企业就要设计出一款能在短时间内抓住用户的心的产品，这也就意味着企业在产品设计方面要做减法。

苹果为什么能卖得这么火？其实原因非常简单，因为苹果对人性有着充分的研究，它所有的产品都设计得非常简约、人性化。

因此，简约的产品设计是成功必不可少的因素，谁能用最短的时间把握住这个关键点，谁就能先在这个竞争激烈的商场站住脚，就可用最少的代价获得最大的利益，这就是互联网时代的简约逻辑。

用户喜欢你的产品，简约，一个理由就已足够，但这并不是一件容易做到的事情。简约的背后是企业对市场的大量研究。对于企业来说，围绕着自身产品，将其优势聚集到一处，为用户提供一种简约的产品，才是企业设计产品的必胜法宝。

携程旅行网是一家著名的旅游网站，其广告语就是“携程在手，说走就走”。从这句话的意思就可以感知，携程旅行网可以帮助用户快速地订到酒店、机票，查询到目的地的相关信息等。在国内有上千家旅游网站，但是能让人记住的也就那么几个，而携程旅行网就是其中之一。能在上千家旅游网站中脱颖而出，这说明携程旅行网一定有其过人之处。

只要我们仔细分析就会发现，携程的高明之处就在于它利用了互联网的简约逻辑，始终都抱着为产品设计做减法、让用户得到极致体验的目的。

携程网为什么要一直遵循互联网的简约逻辑？这是因为用户的心理需要。用户基本上会上旅游网站浏览，就是想了解关于旅行的各种信息，其他无关的东西太多（比如页面的插入广告等），难免让他们产生厌烦感，以致失去浏览的兴致。

用户在携程网上看到的都是关于旅行的信息，如酒店、机票、旅行的地点等。虽然很简单，但却非常准确地击中了旅游者的需求点。携程就是依靠这简洁的页面设计抓住了用户的心，如图6–5所示。

图6–5 携程官网截图

在携程网上，用户的需求能迅速地得到解决。假如用户想要订机票，携程就会立刻给用户显示出最低机票价格的选购。而有些旅游网则要经过相当烦琐的操作过程，才能知道近日机票价格的情况，甚至在用户等待的过程中，还插播一个广告。这样一来，用户就会产生厌烦感，从而放弃使用。

携程网的特点就是简单快速，让用户的需求得到最大的满足。

携程网的简约特色不只体现在服务方面，还有其产品规划和品牌定位，也深深地抓住了年轻旅游者的心。

企业要成功地打造出一款产品，一定要遵守互联网的简约逻辑，唯有简约的设计才能让用户得到快速的服务。

什么是互联网的简约之美？其实简约就是人的一种审美观念，它并不是一种干巴巴的理论。不是说大众追求简约之美，就要将产品做得简约一点。当你看到一个界面，铺满了密密麻麻的按钮，这让有密集恐惧症的人感到害怕，让普通大众感到烦躁。出现这种情况，就需要让设计者简化界面，让界面体现出简洁美。

企业要打造成功的简约产品，需要从以下两个方面入手。

产品设计简约而不简单

一个看起来简约而不简单的产品是经过不断打磨的，也是从许许多多的繁杂设计中提炼出来的。往往最简单的东西，经历的迭代变更过程最为复杂。

就像是苹果旗下的产品 iPhone、iPad以及iPod，都充满了简约的魅力，但看起来简约，功能却不简单，每一次触摸，每一个按钮，都包含着无数的功能，而这些功能又特别简捷易操作。

如果苹果公司的产品只注重简约，而不注重功能，那么就不会在世界各地拥有这么多的果粉。

外观极度简洁，内在足够简化

怎样帮助产品“减肥”，使之拥有简约之美呢？这包括两个方面：外在部分和内在部分。就外在部分而言，外观一定要做到最大限度的简洁；就内在部分而言，操作的流程一定要做到足够简化。

在Windows中，启动多任务就要按Alt+Tab两个按键，但是苹果却只要按两次Home键就足够了，而在iPad中，直接用手指一拉就可完成操作，这就是内在功能的简化。外观部分如之前从台式电脑演变到液晶屏幕，再演变到越来越轻巧的笔记本电脑，最后演变成iPad，方便用户随身携带。

所以，企业对于自身产品的定位一定要简洁，对产品功能的设计要简约而不简单。

6. 要做就做到极致

互联网的极致思维是什么？极致思维首先就是一种匠人思维，而匠人思维就是把自己“逼疯”。

在互联网时代获得成功的人基本上都拥有着一股匠人特质，对事物的看法是：“要做就做到极致，把自己逼疯。”

互联网时代最核心的就是用户，要想赢得用户的心，就要把产品做到极致，把服务做到最佳、最好，让产品体验超出用户的预期。如果产品很优秀，但却未曾超出用户的预期，那就代表着企业还未将产品做到极致，未来需要努力的空间仍然存在。只有这样，才能牢牢抓住用户的心。

其次，极致是一种“N精主义”的概括，如精英主义、精简主义、精专主义、精美主体、精细主义等。这些以“精”为核心的概念互相融合，才造就了极致。

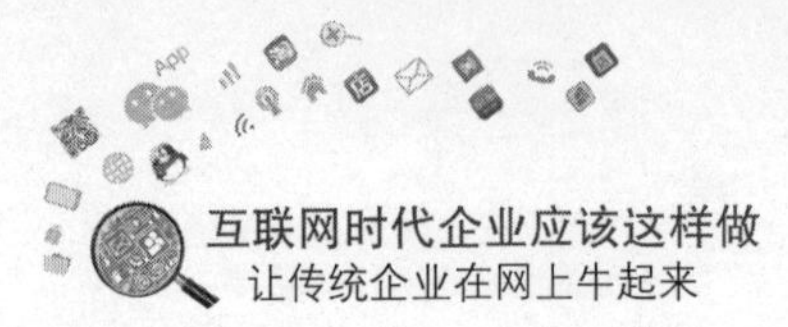

极致中的精英主义表现出了一种人才文化，只有将一群具有匠人思维的精英聚集到旗下，才能打造出极致的产品。产品团队中的人才不需要多高的学历，但必须是术业有专攻的匠人，这样才能使产品拥有极致风范。对于企业来说，要认识到匠人比普通员工创造的价值多出10倍，甚至更多，这就是极致思维中的精英主义人才思想。

精专主义可以使企业将力量聚集到一个地方，通过精细达成精湛，乃至最后打造出极致的产品。

最后，极致不仅体现在产品上，也要体现在服务和营销手段上。以极致的产品为基础，极致的服务为后盾，极致的营销手段为利器，才算是将产品做到了极致。

互联网的极致思维是要做到最好，加多宝就把悲情营销做得很到位。

2012年，加多宝输掉了与广药的商标官司，广药收回了鸿道集团的红色罐装以及王老吉凉茶的生产经营权利，从此两家企业的竞争越加激烈。

加多宝因为这场官司陷入了困境，但加多宝做的一条营销广告却让自己得以重生。加多宝经过改名风波后，在2013年2月4日发布了一条微博。这条微博是以“对不起”为主题的一组图片。图片选取了四个深具萌点的哭泣宝宝，并配以一句简单的话来诉说自己目前的处境，如图6-6所示。

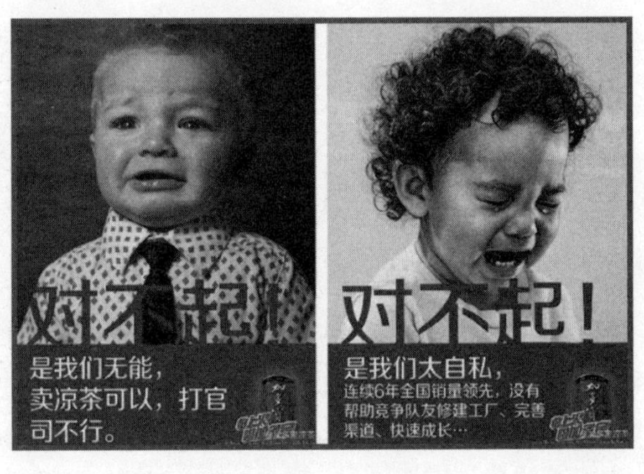

图6-6 加多宝悲情营销图片

悲情图片如一把锋利的剑，直接且准确地刺到对手的痛处，给了广药极大的打击。如果把加多宝的悲情营销比喻成一种武功，那就是杨过在悲情中打出的黯然销魂掌，一掌就让对手重伤吐血。

加多宝的悲情广告推出后得到了大量网友的同情，在微博上引起了热议，官方微博被转发了4万多次。由此，加多宝一举扭转了自己因输掉官司而处于弱势的局面，成功地将负面新闻转为大放异彩的公关营销事件。

从加多宝的这条“悲情营销”的广告来看，它的具体表现就是在宣传中不断地讲自己的弱势，除得到网友的同情之外，也获得了广泛的营销效果，为自身打开了知名度及销路。

不做“差不多先生”，要做到100分的极致

互联网企业用极致思维来对产品进行创新，来提升用户体验，到底极致应该怎样运用？

极致就是要达到产品和服务的100分，差1分都不行。达到标准了，达成目标了就是100分，只要有1分没做到就等于零。

故此，企业在推出产品和服务时都要做到100分，绝不能做“差不多先生”。

做到极致的同时还需要专注

要做到极致，首先要学会专注，唯有专注才能集中力量；唯有专注才能打造出极致的产品。

极致思维在企业经营中不可或缺。企业在打造产品时，一定要注入极致思维，唯有极致的产品才能打造出极致的业绩。

7. 小步快跑，而不是十年磨一剑

人们随着时代而改变，互联网也一样，从PC互联网发展到移动互联网，二者虽然都需要网络，但在具体特征上却截然不同。

移动互联网与传统互联网相比，有了许多颠覆与改进，比如迭代思维，讲究的是“小步快跑，而不是十年磨一剑”。

迭代思维在移动互联网上的发展看似偶然，但其中蕴含着诸多必然因素。2007年苹果手机第一代发布时，人们还没有意识到迭代思维的重要性，但仅仅过了3年时间，全球的网络巨头都在抢占移动互联网的先机，迭代思维一经提出就得到了许多人的推崇和认可。

在众多运用迭代思维的企业中，长虹多媒体产业集团用旗下产品CHIQ完美地诠释了互联网的迭代思维，成为企业内效仿的典范，如图6-7所示。

图6-7　CHIQ 55吋Q1C官网销售

在互联网时代，一切事物都在发生着快速且深刻的变化，作为传统企业，长虹多媒体产业集团更是经历了不同以往的考验。在信息技术的交互和更迭中，长虹一直在寻找平衡与转型之道，而迭代思维显然就是它在转型过程中的救命稻草。

长虹CHIQ电视在向市场发布后，就不断地进行迭代更新，不断搜集用户的反馈，在最短的时间内进行了升级优化。现在的长虹CHIQ电视的功能已趋近完美。CHIQ在市场上的火热让长虹向“家庭互联网战略”又迈进了一步。

CHIQ是长虹智能产品的代表作，它在智能操控上实现了手机对电视的无缝连接控制，通过手机与电视互联，实现了传统电视和互联网电视的有效整合，多次更新后又完美地突破了三网融合，打造出了以移动互联网方式颠覆传统直播收视的跨界产品。

长虹始终保持的快速迭代更新，就是对互联网迭代思维最好的诠释，也是其在产品研发上始终能保持领先地位的关键性因素。

在移动互联网时代，信息的本质由“互联、交换、内容”三个方面构成，由此形成了一种民主、平等、开放和高效的用户反馈模式。在这种情况下，企业面临两个方面的问题：一是用户化被动为主动，地位得到提升；二是信息技术的高度发展，让产品迭代升级的时间变得越来越短。故此，就使得产品要在一个相对较短的时间里进行迭代升级，这无疑对传统企业向互联网转型提出了更高的要求。

抢占先机，先到先得

在移动互联网时代，每一个产品的第一个版本或多或少都有一定的缺陷。为什么会这样？因为在这个时代，时间就是金钱，谁能最先推出产品，谁就能抢占先机。

微信的推出只用了3个月的时间，短短的4个月后又推出了2.0版。通过第一版推出后用户的反馈，微信积累了有关迭代更新的相关经验，又迅速地推出了1.1、1.2版，如今已经是6.0版了，此后还会不断地推出新版本，功能和体验也会随着迭代更新而越加完美。

先推出，后迭代，直至趋向完美

对于产品的迭代更新，如果一次性就将它做到完美，这个时间也许是半年、一年，甚至十年磨一剑。追求完美没有错，但是在如今每天都能推出一款新产品的时代，等你的“完美”产品推出后已经落后！所以企业在推出产品后，可以通过与用户的交流、体验、反馈，有针对性地进行优化，这个过程需要的时间不长，用户也有耐心等待。总之，在移动互联网下产品迭代的特征是小步快跑，比十年磨一剑的效果要好得多。

就像是微信的第一个版本，在最开始时只有一些基本的功能——即时通信、更换头像等，但后来，腾讯不断地进行更新，每推出一款新版本，都会添加一个小功能，简化一些小流程。例如摇一摇、小视频、英文直接翻译为中文等。

迭代思维的表现形式非常简单，就是快和重复。这些看似简单，但如果要真正操作起来却很难。总的来说，迭代思维的核心就是以最短的时间、最快的速度将产品推出，十年磨一剑的完美在这个时代已经不能与当前互联网发展的速度相适应了。

第七章

>> 打造品牌：传统企业转型需要树立的七种品牌观

传统企业如何快速打造互联网品牌？通过病毒营销，让企业产品人人都知道；创建专属标签，让用户对企业产品印象深刻；打造良好口碑，让用过的人都说好；利用社会化媒体传播、卖好服务、利用用户评价等，让没用过的人都想用。

1. 让用户口口相传

一些传统企业已经开始往互联网化发展，有些还做得挺成功，于是一场声势浩大的商业变革开始了。但是，互联网转型是企业主的思想和行为习惯的全面改变，并不是企业简单做一些皮毛工作，如开通微博、微信、网站等，就变身互联网企业了。向互联网转型是要从内而外的，包含着方方面面的转变，传统企业要学习的东西并不少。

以病毒营销为例，它是互联网时代较为常见的一种营销手法，就是让用户口口相传，像传染病毒一样迅速蔓延出去，常运用于网站、品牌、产品的推广。

病毒营销是营销中最高效的传播方式，是用户的自发行为，所以病毒营销所要花的推广费用基本可以忽略不计。简单来说，就是通过给用户提供超值的服务和产品，“让用户来告诉用户”，为产品做免费宣传。以微博上的一些热门搜索为例，这些热门搜索或是某个人物，或是某件事情。总之，它引起了人们的兴趣，打动了观众的某个点，受到了用户的广泛关注，从而形成了病毒性传播。

互联网时代的产品更新换代很快，给企业带来了不小的压力。企业不单要制造出好的产品，同时还要让大众了解这款好产品，这就给企业的营销能力带来了考验。

随着传播方式的改变，做出让消费者印象深刻的广告越来越不容易，所以，在互联网上制造病毒式营销就成了各大企业的风潮。相比生硬、强制性、单向的传统广告营销方式，那些有着生动故事的视频或网络段子更能引起用户的注意，更容易得到病毒式的传播。

TCL推出的《我的野蛮老婆》就是病毒营销的典型案例。

《我的野蛮老婆》是2009年TCL为X9高清影像互动电视拍摄的一部微电影。这部电影的创意和手法都非常特别。电影一开始就用特别夸张的拍摄手法吸引人的眼球，以一对剽悍夫妻的日常生活为切入点，为后面故事情节的温馨展现做了很好的衬托。电影最后的“高清影像互动”情节的插入，恰到好处地引起观众的情感共鸣。

X9的最大卖点就是实现了人机互动，能够让消费者随时随地将日常生活中的片段记录下来，然后通过独有的高清影像互动功能进行即时播放。

在影片中，妻子从屏幕中看到丈夫录下的视频时微微一笑的表情，让观众的情绪随之升华，夫妻间的温情彻底代替了前面被“野蛮”桥段逗笑的情绪。而X9在此所打出的广告语“我的频道创造感动”也随着这个情节变得合情合理，完美地融入了影片当中，观众并没有感到突兀或是莫名其妙。随之，这一微电影迅速地在网络上流传开来，网络点击量迅速攀升，形成病毒性的传播效应。

《我的野蛮老婆》只是一个广告短片，把TCL电视的新功能完美融入其中，最终的目的还是强调了电视的新功能。为什么能形成病毒性效应？就是它独到的创意和情节的回旋反转，真情的真实展现让人赏心悦目，消费者看了会产生共鸣。在短短的3分钟内，就让受众见识了广告的精彩绝伦。

网友看到这样有趣的广告就会对他人进行传播：“看看这条广告吧，特别搞笑又特别温馨。”网友的口口相传造就了绝佳的传播效果，这就是这条广告能形成病毒性传播的原因。

由于TCL广告的成功，许多类似的广告方式也越来越多，TCL的广告可以说是微电影广告之路的开端。

让产品与广告设计融为一体

要形成病毒性营销效果，可以选择产品与广告融为一体的方式，使故事充满趣味性，让广告成为情节中不可分割的一部分。这种广告方式将会越来越为企业所重视，代表着企业从消费者的角度来设计产品，消费者受到感染后就会自然而然地为企业的产品进行宣传。

视频网站上流传着一个小视频：在北京市地铁13号线上的一个年轻男子因为在车厢里玩手机保龄球游戏太过忘情，在车门即将关闭的时候，由于动作过猛不慎将手机甩出了车外。

这段视频在网上引起了无数人的关注，大家都笑称这名男子为“甩手哥”，直到有细心的网友看出这其实是一条营销广告。视频拍摄稳定清晰，好像一切都是预先设定好的。这的确是某款手机的广告。这个视频形成的病毒性传播让该款手机销量大增，同时，也让苹果手机中的一款类似游戏受到网友欢迎。

打破传统，有创意就有传播效果

在互联网的冲击之下，传统的营销方式所起的作用已经越来越小。所以，企业要学会打破思维定式，善于创新，才能让广告形成病毒性传播。

可以说，电影《传染病》（英文原名*contagion*）的广告牌广告就非常富有病毒营销创意。华纳兄弟加拿大分公司为了该片的宣传，结合电影内容，聘请了一组微生物学家及免疫学家给一块广告牌注射青霉素、色素细菌和真菌。这些细菌慢慢生长后拼成了电影名称。这个创意吸引了大量媒体的关注，对电影起到了有效的宣传效果，最后还获得了传媒大奖。

在互联网时代，病毒式营销是最为有效的一种传播方式，只要在网络上引起关注，让用户口口相传，企业就能得到想要的营销效果。

2. 创建自己的专属标签

标签是什么？它是指对一件事或一个人固化的看法，如你看到马云就想到阿里巴巴，想到淘宝；提到即时通信工具就会想到QQ、微信等。

也许有人问你对苹果的看法，你的回答可能是“贵了点，但是很好用”。这就是苹果的成功之处。当你不在乎价钱的多少就想买一款好用的手机的时候，你最先想到的就是苹果手机，这就是苹果手机的标签。一家企业或是一个产品如果不能被贴上一个很好的标签的话，那么很容易就失去了竞争力。

一些企业有时会产生这种疑惑：“我的产品也不比别人差，为什么就是卖不动呢？”那么，你就要先想一下，自己的产品标签是什么。如果连自己都想不出来，那么产品卖不动也就不足为奇了。

对于产品本身来说，单有品牌标志是不够的，还需要有一定的标签。就像天猫上一些商城卖家经营着大量品牌不同但却类似的产品，在“双十一”购物节他们自然能分到一些订单，但是要想成为销售冠军，就比较困难了。

这些事例都说明，如果企业没有标志性的代表产品，没有被贴上专属的标签，那么就不可能获得大量用户的关注。在竞争如此激烈的互联网时代，一家企业要创造多个标签所花费的人力物力是无法预知的，而且用户的选择对象也越来越多，如果没有一个让人印象深刻的标签，就抓不住更多的用户。

一个没有标签的产品是不受用户认可的，一个有多个标签的产品也会让用户觉得不够专业。所以，企业在打造自身标签时要强调专注，要化繁为简，给产品明确的定位，让自己只专注于一个标签。

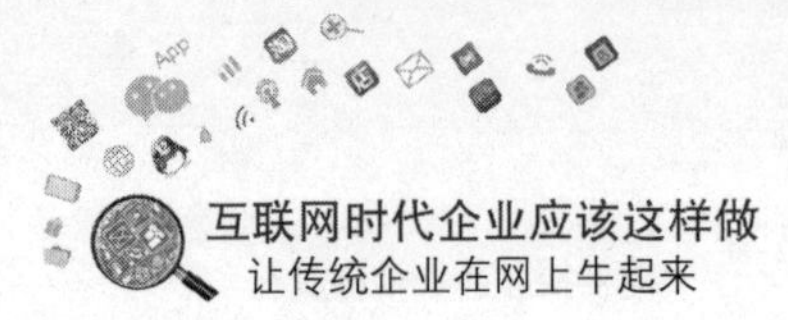

那些拥有独特标签的企业，必定都有他们独特的创造标签的方式，如马云的阿里巴巴。

马云的经历人尽皆知，他在成立阿里巴巴之前也经历了一段迷惘的时期，不知道自己该干什么，如何去做一件自己擅长的事情。最后他想到现今的电子商务都是为大企业服务的，而一些中小企业没有渠道或能力进入这个领域，那么，如果自己能打开这个市场，发展空间将是无限大的。

在当时，多数电子商务企业都想要在大企业身上分一杯羹，但马云不这样，决定不走寻常路。他不进入“红海”中与他人抢香饽饽，选择专注地去吸引那些“蓝海”中的虾兵蟹将。

马云将全球的中小企业都聚集到一处，然后形成一个进出口的开放平台，让他们自己和客户交易沟通。马云觉得，现在是互联网的世界，只要有网络的地方，就可以将散落在世界各地的中小企业联结起来，众人的力量是强大的，只要聚集起来足够多的中小企业就能和那些大企业抗衡。于是马云下定决心为中小企业建立一个交易平台，就是阿里巴巴，如图7–1所示。

图7–1　阿里巴巴官网

在阿里巴巴建立之初，马云就做了定位，打上了标签，就是一个全球中小企业的网上创业机会信息交流平台。就是因为这种标签和定位，马云在电商这条路上越走越广阔。

现在，任何一个没有资金、没有货源的人都可以在阿里巴巴创业，只要有人想要做电子商务就会首先想到阿里巴巴，这就是阿里巴巴标签的符号印象。

创立一个专属标签符号，不管是对传统企业还是对互联网企业而言都是非常重要的。作为企业，必须坚实地做好一个完整的标签之后，才能去选择更广阔的发展空间。企业的多元化发展，是在有坚实的专属标签之下进行的，就像是阿里巴巴，先是打造了电子商务的标签，然后再慢慢渗入其他行业，但人们对它的印象依然不变，依然认为阿里巴巴是做电子商务的首选。

不管企业有多大，核心标签要明显

企业要为自己创立一个标签，不管你的定位是什么，都要将这个标签坚持到底。就像前面所说，无论企业的规模发展到多大，企业衍生了多少业务，都必须保证自己的核心标签是不变的，保证企业的发展重心在这个核心标签上。即使要略作调整，也要从标签入手，有一个过渡的过程，而不是一下子就发生变化。

以唯品会为例，它一开始的标签定位就是名牌尾货，自始至终也没有变过。消费者只要想买便宜且正版的商品时，都会将唯品会列入选择范围。

创造独一无二的专属标签

找到一个独一无二的定位是创立专属标签的前提。一般来说，定位分为两个方面：一是市场定位，二是用户定位。通过唯品会就可以看出，这两方面的定位对创建专属标签有多么重要。

在电商大平台上，做服装鞋包的网店已经数不胜数，唯品会虽然是后来者，但依然杀开一条血路，赢得了众多粉丝的心，其主要原因就是因为有准确的市场定位。

唯品会走的是品牌折扣路线，与大品牌进行合作，其用户定位为中端用户群，那些想要买大品牌却因价钱而止步的用户，到了这里其需求就可以得到充分满足。

准确的定位使唯品会打造了自己独一无二的标签符号。

作为企业，只有创立自己的专属标签，才能获得业务上的优势。这样不仅可以获得用户的肯定，还容易做到专精，相对于其他同类产品来说，竞争力也会更强。

3. 用户说好才是真的好

在虚拟的网络世界中，消费者的地位从被动变为了主动，拥有了自由的发言权。消费者之间可以互相传授经验，分享彼此的使用感受。他们的言论往往会影响正在观望的潜在消费者。这样，消费个体成为买家的同时，也兼具了“销售员”的身份，并由此渐渐形成一个以消费者为核心的品牌社区。

互联网平台彰显的巨大口碑力量让所有企业不得不惊呼：“在互联网时代，企业可以不需要宣传，但是一定要获得消费者的口碑；企业可以不追求利润，但一定要获得影响力！”互联网媒体的社会化参与和传播本质使得消费者有了更多的发言权，所以口碑营销已经成为企业的首选营销方式。

口碑营销就是要满足用户的细微需求，让他们不自觉地讨论企业的产品和服务，在正面舆论之下，口碑营销的强大效应就自然而然地得以形成。

获得用户口碑是产品成败的关键，但怎样的产品才能获得用户口碑呢？这个问题在企业看来很难，其实很简单，只要改变一个想法即可：“产品不是我说好就是好，而是用户说好才是真的好。”

以雀巢笨NANA为例，它的口碑营销就做得非常成功。笨NANA是雀巢公司推出的一款外形酷似香蕉的冰激凌，其最大的特点就是和香蕉一样剥皮吃，里面是牛奶雪条，分香蕉和苹果两种口味。凭借其独特的创意和绝佳的口感迅速走红冰激凌市场，受到广大消费者的狂热追捧，如图7-2所示。

图7-2　雀巢笨NANA官方微博

如今，如果有爱吃冰激凌的人说没吃过笨NANA，那就落伍了。笨NANA最开始在我国香港推出，受到香港市民欢迎后，因深圳网友的一条微博，迅速成为内地网络上的焦点话题。“那些年，我们一起吃过的笨NANA”之类的相关话题在微博上经久不衰，日点击量超过百万次。

笨NANA在上市前的5个月，雀巢就与奥美进行了互动合作。从最初在我国香港上市，到引起内地消费者关注，雀巢通过在微博上的趣味话题引起人们对笨NANA的期待，然后把其打造成一款时尚、趣味的产品，从而使得广大网友成为笨NANA的代言人，主动进行口碑传播。

接着，雀巢又联手腾讯建立了与其产品风格和定位极为匹配的“笨NANA岛”活动网站，定制了多款在线游戏，然后巧妙地将笨NANA植入游戏当中，从而使游戏玩家不知不觉接受了笨NANA的广告信息。

笨NANA的成功是因为它能准确地抓住营销的重点——用户的口碑。刚开始时，笨NANA所策划的营销活动和选择的合作对象都能准确地抓住产品的核心用户。同时通过互联网利用图片和视频推广笨NANA的亮点，给潜在客户带去强烈的感官体验，激发他们想尝试的欲望，再加上新颖的设计和绝佳的口感，这一切都征服了消费者。

从笨NANA的案例中可以看出，在互联网时代，用户口碑决定了产品的成败。

互联网的口碑营销是以用户为核心，只有用户觉得产品好了他才会心甘情愿地传播。那么，怎样才能抓住用户的心，让他们不自觉地进行传播呢？企业需要做好以下几个方面的工作。

设计产品前，亲自了解目标对象

要想获得用户口碑首先需要企业对目标消费群做深入了解，只有了解了他们的心理需求，才能设计出打动他们内心的产品。在这里不需要企业对消费者讲你的产品是怎样生产的，如何如何得好，只需要满足消费者的需求，他们就会说：“你的产品真不错，我喜欢！”

就像是在2012年新加坡曼妥思的“造人运动”。8月9日是新加坡的国庆日，2012年的国庆节官方推出了一首国庆主题歌曲《爱在晨曦中》，但这首歌的风头竟然不敌曼妥思口香糖推出的个人创造的《国庆之夜》。深究其原因，曼妥思推出这首歌的原因是要鼓励民众换一种方式来庆祝国庆："为新加坡造人。"其主题直接戳中新加坡民众的心理需求。因为新加坡出生率的连年下降已成为国家的一个新问题，许多民众也都为此而苦恼。曼妥思的这首歌正好迎合了民众的这一心理，从而达到了宣传产品的目的。

创造内容，而不是创造广告

企业在进行产品宣传时，需要创造出有趣生动的内容，而不是一味地做那种枯燥乏味的广告。口碑不是企业自己生产出来的，而是用户"谈论"出来的。如果走"虚假口碑"的捷径，不用多久就会被揭穿。因为不管广告做得多好，用户一试就知道了。在互联网时代，可以说一切都是透明的。对于企业来说，立足于自身产品的极致体验，才是获得用户口碑的根本；如果只是"老王卖瓜"，对企业来说就非常危险。

就像是曼妥思为宣传薄荷糖而推出的造人歌曲一样，露骨的言辞，酷劲十足的曲调，要是在以往是不可能受到欢迎的，但是在国庆节它所宣传的点符合了国民的需求，受到了年轻人的喜爱。类似于这种戏谑性口吻的宣传，对于民众来说反而比政府庄重的说教更容易接受。

互联网的口碑思维是以用户为核心的，而用户在接受产品信息时更讲究内容的生动化、趣味化、体验极致化。所以，基于这几点来打造口碑才是最有效的。

4. 借用社会化媒体广为传播

随着互联网的极速发展，传统的产品营销模式已经渐渐不能适应新的环境。在互联网企业的冲击之下，多数传统企业营销成本负担沉重。如果想要打破这种营销困局，企业就需要借助互联网营销，借力打力，让产品被广为传播。

例如，微信、微博等，其庞大的用户量已经逐渐成为企业营销的新渠道，其低成本和高效益的传播效能无疑能为传统企业打开一个节省成本的突破口，为企业带来新的生机。

如今，随着移动互联网的发展，通信软件在人们生活中的地位将变得越来越重要。以手机移动通信软件为例，因其庞大的用户数量让许多企业将营销转移到这块阵地，事实证明效果相当不错。

2013年9月，Tribal Worldwid上海为麦当劳量身打造的手机客户端“一见中薯”正式上线，并在全国最大的智能手机拍照软件美图秀秀上推出，如图7-3所示。

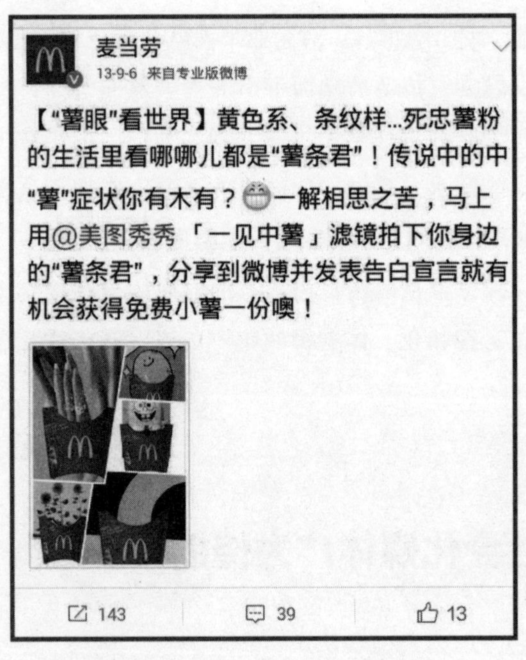

图7-3 麦当劳“一见中薯”广告

它鼓励美图秀秀用户在日常生活中找寻与薯条相类似的物品，拍下后放进虚拟的“薯条纸盒”中。上传的图片如果被参与者们分享到社交媒体后，该用户就有机会获得由麦当劳送出的免费薯条。

广告通过麦当劳的合作代理商拓展使用，然后再在各大媒体平台上推广，包括移动手机、微博、微信、电视广告、户外广告、室内POP等多渠道社交媒体平台。在活动期间，麦当劳除了在美图秀秀上推出免费赠送活动，还在实体店给予消费者买一送一的优惠。

此次开发“一见中薯”应用的目的是鼓励消费者用全新的眼光来看待麦当劳薯条。麦当劳薯条会带给消费者全新的体验。麦当劳希望能通过这个广告激发消费者对薯条的食欲，进而养成长期消费的习惯。

麦当劳的这次活动非常成功，两个星期内，美图秀秀麦当劳专题就取得了300万点击量的佳绩，微博社交平台上则拥有了20万个独立访客。近千张的美图照片被消费者上传到了微博、微信平台上。可以说，该应用受到了广大消费者的欢迎，麦当劳也成功地利用社会化媒体低成本、高效益的优势宣传了快乐健康的品牌形象。

如果企业只利用传统的营销模式来为产品做宣传，必定要花费一大笔资金。而对于中小企业而言，投资小了得不到效果，投资大了自己又负担不起，进退两难的结果往往让自己陷入困局。

在这种情况下，企业如果能像麦当劳一样懂得利用社会化媒体借力使力，就有可能取得良好的宣传效果。

不过利用这样的营销方式需要注意保证自己在社交化媒体上发布的信息真实可信，并与用户进行互动，向用户分享实用的信息。同时，在与用户交流的过程中销售目的不能太明显，以免用户反感。只有取得了用户的信任，社会化媒体的营销才是最有力量的。

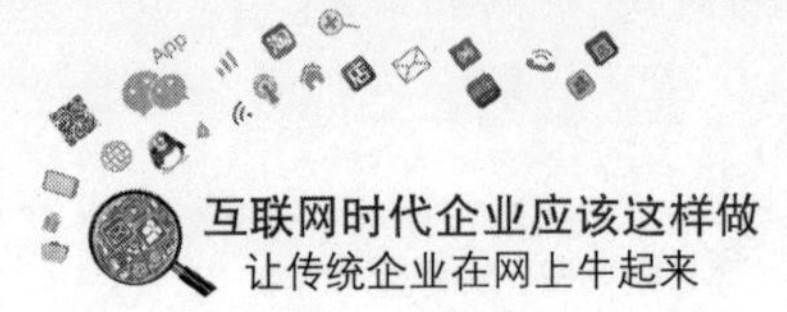

在社交媒体上创造有价值的内容

企业在发布信息时要别出心裁，除了让消费者得到实惠，还要让消费者体验到乐趣，从而再引起社会化效应。运用社会化媒体做营销时，在设置事件时要有创新，能迅速引起广大用户的好奇心，且能引起后续追踪，然后让用户通过转发、拍照等方式在微博、微信、视频网站上形成热点。

Naughty Monkey的社会化媒体营销就做得非常成功。它们在一开始推出的游戏非常简单，用户很容易上手，却不会产生乏味感。用户拍下顽皮猴的产品并上传到社交软件上，同时可投票选择自己喜欢的照片，票数最多的那一位就能获得一年内免费使用Naughty Monkey产品的权利。通过这一活动，Naughty Monkey在Facebook上的粉丝数量激增，取得了非常好的传播效果。

借用名人效应扩大影响

社交平台一向是名人们的聚集地，不管是明星还是商业巨鳄都喜欢时不时地在社交网络上发表一些言论，而这些言论往往能引起网民们的广泛关注。

2014年中国没有成为iPhone 6的首发地，于是国内就引发iPhone 6抢购热潮，谁先拿到iPhone 6谁就在微博上晒出照片，或是用iPhone 6发一条微博。万达老总王健林的儿子王思聪是第一个晒出照片的用户，他的这一行为在微博上迅速形成热议，苹果粉丝们对于iPhone 6的购买需求迅速激增，从而使iPhone 6获得了一次免费宣传。

中国人讲究以柔克刚、借力打力，这种思想无疑和互联网中借力营销的思维不谋而合。当自己的力量不足时，要学会借用别人的力量，这样做往往会取得意想不到的效果。所以，企业在营销宣传的过程中也要利用这一思想，利用社会化媒体的力量给自己的产品做宣传。

5. 卖“产品”还是卖“服务”

在互联网时代，用户体验已经成为产品营销的核心因素。用户体验不仅包括优越的产品体验，还包括为用户提供极致的服务。只有这样，用户才能被你的产品和服务吸引，到最后购买，并成为忠实的粉丝。

可以说，优质的服务是赢得用户持续关注的法宝，把服务的优势发挥到极致，是企业在互联网竞争中取得胜利的保证。一款产品除了功能优越外，还要将售前服务、售后服务等做到极致，这样才能获得用户的认可。就比如你买一台洗衣机，这款洗衣机的功能确实非常强大，远远超过了其他同类型洗衣机，但是厂家跟你说：“我们不送货上门，如果需要请另付费。”又或是洗衣机坏了，你想要换新的，厂家说不能换，想送去保修，厂家也拖拖拉拉。那么在这种情况下，你还会购买这款产品吗?

所以，一个企业要想发展壮大，就要为用户提供人性化的服务。要不然，用户势必舍你而去。

2013年8月5日，微信5.0在苹果商店正式推出，为了避免普通用户对公众账号形成骚扰，就将公众账号分为订阅号和服务号两种。同时，腾讯提倡企业微信公众号的功能是做服务而非做营销，从而成功地避免了微信公众号对普通用户的骚扰。而南航就是这次微信公众号改革的成功典范之一，如图7-4所示。

中国南方航空公司推出的微信公众号，实现了乘客可通过微信办理乘机的各项手续，满足了乘客出行时的各项需要，有效缓解了值机柜台的压力。

南航微信公众平台的推出最为重要的一点就是为乘客减少了许多麻烦，比如登机前的机票购买、登机时间的查询、天气查询、是否延迟飞

行、目的地的相关情况，这些信息只要登录南航微信就可快速了解到。

南航微信公众号的使用方式非常简单，乘客只要打开公众号，就可办理登机牌，根据系统的回复信息，随机或是可视化地选择自己喜欢的座位，并获得电子登机牌。到机场之后，旅客还可到机场自助值机柜台打印纸质登机牌，相当方便快捷。

广州和武汉始发地的乘客甚至不需要纸质登机牌，直接凭身份证和电子登机牌就可登机。

目前，南航微信用户数量已超过5亿，是一个有着巨大活跃度和影响力的群体。南航能打破旧有模式，利用微信为乘客提供极致的服务，在方便乘客的同时，也提高了自己的人气。

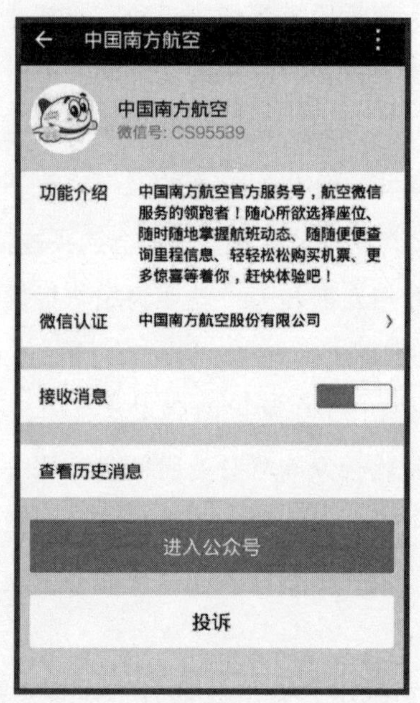

图7-4　中国南方航空官方微信

2013年4月25日，南航微信用户就已经达到了20万人，其中有2万多人直接通过南航微信绑定了信用卡。绑定信用卡的用户还可通过微信获取里程查询、里程积累等会员服务。

南航微信公众号的成功并没有依靠营销来获取，而是用极致的服务来得到粉丝的拥护。在这之前，没有任何一家航空公司采取这样的做法，可以说，南航是用服务赢取支持的先行者。

在互联网时代，服务就是产品，服务好了，用户黏性自然就会得到提升。那么，企业如何提升服务质量呢？可以从以下两个方面入手。

极速安装

在互联网时代，购物方式的改变让人们的购物越来越便捷快速，像服装、化妆品之类的商品，打开某个电商网站，几个步骤就可以完成。但是对于家电产品来说，在几个按键步骤后，还需要漫长的等待安装时间。据调查显示，能为用户提供技术安装的家电产品，可使产品的销量提升36%。服务等待时间过长，就会大大降低用户的购买热情。

创维打破了家电业的这一局限，推出了6小时极速安装服务。用户收到产品后，从安装信息录入时间开始算起，市区内6小时就可完成整个安装过程，并且为用户提供了45分钟高端体验式服务标准。

极速维修

在传统商业时代，用户提出问题后往往几天都得不到解决，这对于产品的销售造成了一个极大的伤害。在互联网时代，人们对于服务的需求越来越细化，每个用户都希望能在第一时间解决自己的问题。所以，极速上门维修成为现代企业急需解决的问题。

针对传统企业存在的问题，创维提出了极速维修服务，除了液晶屏幕问题，承诺24小时内上门维修。这项极速上门服务的推出，无疑提高了创维的用户黏性。

产品的销量好不好，企业提供的服务是个关键点。在互联网时代，卖产品的同时也要卖服务，唯有同时做到这两项，才能塑造企业的成功。

6. 看重长尾，不追求短期效应

什么是互联网的长尾效应？其实就是那些本不受到重视、销量不高但种类繁多的产品，总的销售量超越了头部产品的现象，就被称为长尾效应。

关注较为重要的人或事，是人的一种本性。以一支足球队为例，人们往往只关注在比赛中踢进球的球员，而忽略了其他球员。如果被忽略的球员想要获得关注，就要投入更大的精力才行。

但是球迷们都忽略了这一点：如果少了其他队员的助攻，单靠一个人是不可能取得比赛胜利的。

在企业经营中也存在同样的道理，一些企业只会关注少数大客户，对于小客户认为可有可无。但偏偏这些小客户所能创造的总价值，远远超过了大客户。

企业为什么会有这种不同的态度呢？就是因为在传统时代关注众多客户的成本是非常高昂的。但在互联网时代，由于关注成本的低廉，企业就有资金和精力去关注大量的小客户，让小客户产生长尾效应，以致带来超过大客户的收益。

2004年，湖南卫视推出了一档选秀节目——《超级女声》，引起了广泛热议，而后《快乐女声》、《快乐男声》节目一直办到2013年，见图7-5，出现了李宇春、张杰、张靓颖、白举纲、华晨宇等一大批优秀的歌手。

图7–5 2013年快乐男声视频合集

这档节目融合了大众对流行文化的审美观念以及传统综艺节目与真人秀两者的优势，以互动性、煽情性、低门槛以及现场直播的新模式，创造出了一个多方共赢的娱乐文化奇迹，充分体现出草根文化自我表现、追求梦想的强烈心理需求。节目的成功吸引了无数广告商的注意，而这些广告商就是湖南卫视的大客户。

但湖南卫视明白这些大客户所带来的经济效益只是一时的，以粉丝为代表的“小客户”才是其能长远赢利的根本。

例如，2005年《超级女声》一场冠军赛就有800多万张投票，这种投票的短信费用是1条1元。也就是说，单是这一场比赛的短信就为湖南卫视带来了800多万元的收入。节目结束后围绕着这些明星还衍生了一些周边产品，如印有明星头像的海报、杯子、明信片等。这些都为湖南卫视创造了持续赢利的价值。

2014年快男张杰举办的全国巡回演唱会，场场爆满。这都是粉丝这些“小客户”创造出来的价值，远远超过广告商支付的广告费。可以看出，粉丝所创造的价值就是非常明显的一种长尾效应。

那么，企业怎样才能制造出如上所述的长尾效应呢？可以从以下几个

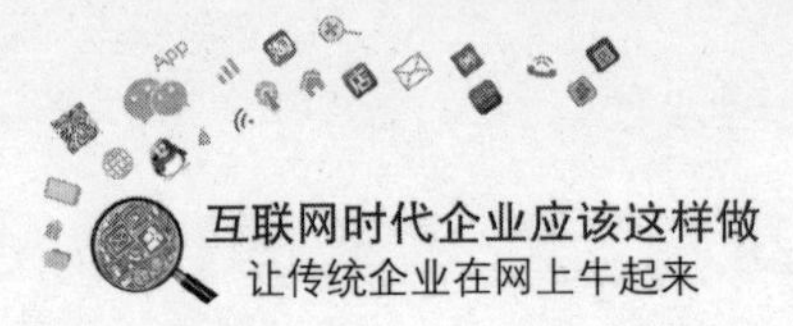

方面入手。

重视个体价值观，不追求短期效应

随着互联网时代的不断发展，消费者更注重对个人价值的追求，也比以往拥有了更多的独立性。当用户的价值观越来越趋向多元化，个人的意见越来越受到企业重视时，长尾经济也就随之产生了。所以企业在设计产品时，也要迎合小众的口味，这些产品虽然单个订单销量不大，但是其聚集起来的力量是不容小觑的。

以京东图书为例，除了畅销书外，其他冷门小众的图书也越来越受到读者欢迎。有些冷门题材的作品并不比热门题材的作品销量低。

聚合小众的力量，积少成多

长尾现象的出现也提醒了企业：原先认定的20%大客户已经无法带来80%的销售业绩了。这并不是大客户和主流商品变得少了，而是企业原来不在意的长尾变长了，已经可以为企业带来不亚于甚至超过大客户的销售份额。

亚马逊也是一个非常成功的“长尾”公司，一部分主流的畅销书占据了总销量的一半，一些冷门的书虽然单个品种销量小，但种类多样、积少成多，也占据了总销量的一半。以前根本卖不动的书现在却受到很多人的欢迎，虽然不能与主流产品相比，但小众的力量聚合起来也是不容小觑的。

互联网的长尾效应强调“个性化”、“客户力量”和“小利润大市场”，用一句话来说就是：要赚很少人的钱。当企业将市场细分到最小时就会发现，这些细小的市场累计销售额甚至会超过所推出的主要产品。

7. 用户评价也是一种宣传

在互联网时代，不管是正面还是负面的信息，传播起来都很快，所以，一家企业信用度的好坏可以决定企业的存亡。

企业的信用是在用户评价的基础上形成的，是立于用户口头上的一座丰碑，是对企业产品的一种称颂。可以说，用户评价就是一种极好的广告，它比商业广告更具有亲和力、感染力。互联网上的用户评价不仅可信度强，而且富于活力，可对用户产生巨大的影响力。

海底捞就是依靠用户评价而取得成功的传统餐饮火锅店。用户一说起海底捞就会想到其店内提供的一系列极致服务，如图7-6所示。

例如，为等候的顾客提供美容美甲服务，有顾客过生日，海底捞还会请员工出来为顾客唱生日祝福歌……一系列贴心的举动换来了用户的好评如潮。

图7-6 海底捞官网

2008年，微博开始兴起，海底捞在维护点评类网站好评的同时，开始利用社交媒体来传播品牌、打造知名度，与此同时还努力改善官网的用户体验，以期能得到用户更多的好评，得到更好的传播效果。

2010年7月海底捞开通了微博，成为最早开微博的火锅企业之一，利用微博的互动功能与用户进行频繁的沟通和交流。

2011年年初，海底捞又开通了网上订餐和外卖服务，颇受用户好评。2012年10月，海底捞的HI捞送实现了24小时营业服务。在移动客户端代替PC客户端成为网友获取信息的新选择之后，海底捞又开发出了HI捞汇。用户可在上面随时查询门店位置和消费预订，而且还为用户提供了手机在线办理电子会员卡的功能。

海底捞深知Wi-Fi在人们日常生活中的地位，所以不断改进Wi-Fi的使用速度。某位用户在使用完海底捞的Wi-Fi后，在微博上评论说："哎呀，吓死了！海底捞的Wi-Fi速度博尔特也跑不过啊！"这条评论得到了许多用户的赞同，一时之间在网上掀起了海底捞Wi-Fi速度的讨论潮。

用户评价已经成为现代企业的热门营销手段，而海底捞始终关注顾客的需求，自然赢得了顾客的好评，可见其成功不是偶然的。

对于现代企业来说，用户评价非常重要，特别是一些电商，用户评价直接决定了产品的销售量。怎样让用户评价推动销售呢？企业可以从以下两点入手。

有效提高转化率

用户的购买过程，其实就是用户说服自己的过程。在互联网时代，老用户对商品评价的好坏就成为新用户要不要购买的决定性因素。

就比如天猫的女装品牌"妖精的口袋"，其销售的火爆就与用户的好评分不开。当用户在考虑要不要买某件衣服时，往往会打开产品评价做参考。如果大部分都是好评，用户就会直接买下。"妖精的口袋"产品下的评价几乎全是好评，这促成了其销量的火爆。

通过用户评价改善用户关系

为什么有的企业也能提供极致服务，但是没能像海底捞那样成功？答案是因为它们不重视用户评价的传播效果。看到别人成功了也想跟上，由于对消费者的评价不够重视，就很难达到自己想要的高度。

在各大搜索引擎上，企业的评价越高，其排名位置相对越靠前，从而就能有效提高产品的销量。

“妖精的口袋”在天猫上的排名非常靠前，基本上用户一搜女装，页面上就会出现“妖精的口袋”的产品。其原因就是因为它拥有高度的用户好评。评价越高，信用度也就越高，排名也就越靠前，销量自然也就随之增长。

第八章

>> 营销变革：传统企业转型需要具备的七种营销观

互联网时代的到来，使得投入资金大、回报效果小的传统单向营销方式已渐渐被人冷落，取而代之的是投资小、影响大的社会化媒体营销手段。尖叫点、痛点、饥饿营销、爆点、流量、线上线下组合营销、圈子，这些营销思维和观念的变革，正是传统企业转型所需要掌握的。

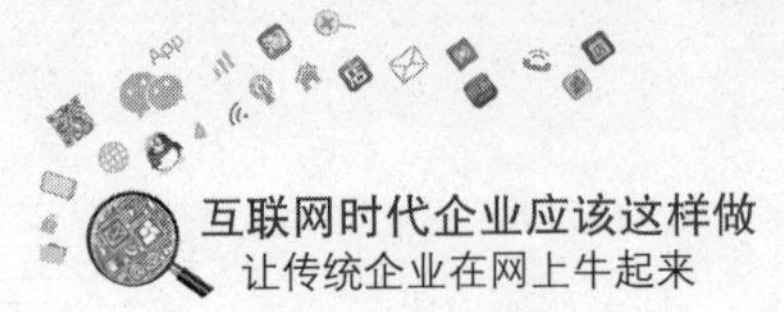

1. 哪里有尖叫，哪里就有营销

在互联网时代，企业要打造让用户尖叫的产品，因为哪里有尖叫声哪里就有营销。

尖叫点是什么？尖叫点就是让用户情不自禁地说出：“啊！这么牛！”

尖叫点与痛点不同，尖叫点不仅能为用户解决痛点，还能给用户带来超越预期的惊喜感。

让用户对产品发出尖叫声，企业要做到以下两点。

第一，尖叫点不能太多。太多的尖叫点对产品来说是一种负担，而且，企业投入的成本也高。

第二，要让用户发出真正的尖叫声，而不是淡淡地说上一句：“还行。”如果一款产品只让人感觉还行，这款产品就不算有尖叫点。

三碧酒店在这一点上就做得很好，如图8-1所示。2013年，三碧酒店改版后的官网正式上线，更加体现了人性化和时尚化相统一的理念，引来客户的好评如潮。作为中国第一家大众时尚酒店，三碧酒店一直都是以人性化、时尚化为经营目标，致力于为消费者打造时尚、快乐、舒适的入住体验。

图8-1　三碧酒店官网

在酒店预订上，三碧酒店充分考虑了客户各个方面的需求，客户可以随时看到客房环境。除了传统方法预订房间之外，酒店还推出了自助订房服务，客户可直接查看所要预订房间的房型、楼层、设计风格等信息。这给了客户很大的自主选择权利，不管客户喜欢什么风格的房间，都可以通过自助订房来完成。

此外，三碧酒店还和QQ、支付宝等合作，实现了多账号登录模式，方便用户注册和登录，增加了客户。

同时，官网支持检索城市、查看入住日期及离店日期等功能，还能为用户提供预订火车票、飞机票以及查询天气、设计地图等服务。总之，三碧酒店官网将用户外出可能需要用到的信息都囊括其中，为用户带来了一站式的便捷服务。

可以说，三碧酒店完全抓住了客户的需求，提供了贴心的服务，让客户因为获得了极致体验而情不自禁地尖叫。

在互联网时代，产品在精不在多，竞品之间比的不是数量，而是质量。企业要专心一致地从一个点、一些细节为用户提供极致体验，可以从两方面入手。

产品设计要做减法

企业在设计产品时要做减法，不是只要是好的功能就通通往上加，添加了太多功能反而会让用户抓不住重点。

围绕一个核心尖叫点将其做到极致

企业在设计产品时要为其做减法，让用户的关注点都集中到整个产品的尖叫点上，围绕一个核心尖叫点将其做到极致。

以爱奇艺视频为例，它一直都标榜高清。当网友在搜索引擎上输入爱奇艺三个字，最先显示的就是爱奇艺高清。高清已经成为爱奇艺的标签。

爱奇艺专注于高清的发展，自然容易获得用户的信赖。

2. 解决痛点，让用户买账

许多互联网企业的营销人士都说："要想做好营销，就先要寻求用户的痛点，解决他们的痛点，然后让用户来买账。"

那到底什么是痛点呢？其实很容易理解，就是企业为用户制造出一种令人满意、愉快的兴奋点，造成用户的一种错觉，仿佛不买你的东西就会感觉到吃亏。如果企业能做到这些，就一定能影响用户的购买心理，从而做出购买选择。

戳中用户的痛点说到底就是抓住了用户的深切需求，如果企业能做到这一步，那么离成功也就不远了。

如何寻求用户痛点，企业不妨从以下三个方面入手。

第一，要对自己的产品有足够的了解。产品有哪些功能，有哪些吸引人的地方，有哪些缺陷……明白了这些，就可以针对产品的优点进行渲染宣传，然后再不断进行迭代更新，修正产品的缺点。

第二，企业要对自己的目标客户群有足够的了解。根据不同的用户需求来打造不同的产品，这样就可以在戳中用户痛点的基础上一步步地加深用户体验。

第三，打造用户痛点是一个长期观察、不断挖掘的过程，想要一蹴而就是不可能的。

能做到这些，就解决了用户痛点的问题，用户自然会心甘情愿地为企业买账。

2013年，由赵薇执导的电影《致我们终将逝去的青春》（以下简称《致青春》），票房突破6亿元，收获高票房的同时还被誉为青春片的鼻祖，如图8-2所示。创造6亿元票房的骄人战绩一般都是像张艺谋、陈凯歌、冯小刚等大导演才有可能做到的事，虽然赵薇是个名气颇高的演员，但作为导演，这还是她的第一次。首次执导就取得如此骄人的成绩，确实让人感到惊讶。她到底是怎么做到的呢?

图8-2 《致我们终将逝去的青春》官方微博

这部电影的主题就直戳观众的痛点。其电影主题是追忆逝去的青春，故事围绕主角在大学里发生的难忘的事以及留下的遗憾而展开。每个人都有青春，许多人都有过遗憾，也常常会因此而感叹。而《致青春》的出现正是给了大众一个追忆青春的感情接口，到电影院里回忆一下逝去的青春正好符合人们心底的需求。

《致青春》从导演到主创人员、从主演等一众明星到与他们相交已久的明星好友，再到粉丝，都高调地在社交网络上互动。特别是赵薇和黄晓明的互动，充分满足了受众的八卦心理。在这八卦的过程中就可呈现出所有的阵容和亮点，同时在微博上也让用户产生了“被包围、转发即参与”的感觉。先是王菲献唱主题曲，为电影预热，接着有赵薇与黄晓明在微博上制造“有一种感情叫赵薇黄晓明”、“你神经病啊!”等话题，都充分满足了普通观众爱看热闹、希望与明星互动的需求。

《致青春》上映后掀起的怀旧风让票房扶摇直上，一时之间怀念青春成了网络的热门话题。观众看《致青春》就会想起自己的青春往事，每个人都能在电影中找到自己的影子。

《致青春》的成功就源于它成功地戳中了观众的痛点——对回忆青春的需求。

企业也是一样，找到用户的需求，戳中用户的痛点，用户自然会为你的产品买账。

为顾客之痛做测试

寻求用户的痛点首先应做一个测试，以验证自己是否真正抓住了用户的痛点。这个方法的操作非常简单，只要回答“企业所解决的痛点是什么？用户在意的方面是什么？”两个问题即可。与此同时，还要看你的简单描述是否可以让潜在用户买账。

那些知名的互联网公司之所以能获得成功，就是因为它们在无数次的迭代更新过程中，明白了打造产品的最佳用途就是解决用户的痛点。

创造性的突破往往会让用户产生新的痛点。苹果首次推出iPod时正值Napster的巅峰期，人们可以在互联网中享受音乐带来的快乐，但这显然还不够。在用户对产品广泛接纳的过程中，苹果公司对用户之痛做了广泛测试，最后发现用户希望能够快速、便捷且用低廉的价格就可合法获取想要的音乐。所以iTunes就是基于用户的这个痛点诞生的，并最终成为苹果最成功的产品之一。

确定无形的需求

很多用户并不知道自己的需求是什么，影响他们购买决定的是品牌的形象、感受和无形资产。

就像是苹果设计的iPod只能与耳机一起用，用户可以用新方式分享音乐，但却不能外放出来。所以这又是一个无形的需求，有些公司找到了这个无形的需求点，开发出iPod的配套硬件——基座和外部扬声器，就抓住了成功的身影。

用户痛点就是“用户需求”或“用户问题”的代名词，抓住用户的需求，解决困扰用户的问题，那么企业就牢牢把握住了产品销量。

3. 永远在饥饿，永远在营销

什么是饥饿营销？传统的饥饿营销是指商家有意降低产品的产量，刻意制造因销量火爆而出现供不应求的现象，以达到维持住商品较高售价或是提高利润率的目的。

但互联网时代的饥饿营销与此不同，它是在企业产品品牌和产品质量拥有足够号召力的基础上运行的，并不是限制产品的发售数量以提升产品的价格。在产品推出之时，企业就会先设置一个令用户惊喜的价格，为日后产品的热销打下坚实的基础，进而建立一个高忠实度的用户群体。

饥饿营销的运行需要这个产品本身拥有强大的实力，否则即使设置再多的惊喜价，也很难引起消费者的持续关注。

饥饿营销可以说是一把双刃剑，用好了可以使品牌产生更大的附加值；用不好就会对品牌造成严重的伤害。所以，企业必须明白，饥饿营销的最终目的不仅是要促进销量，更是要为品牌增加高额的附加值，为企业树立起良好的品牌形象。

饥饿营销最终能不能成功，取决于市场竞争度、产品替代性、消费者成熟度这三大因素。也就是说，饥饿营销要在市场竞争不充分、消费者消费观念不成熟、产品的不可替代性较强的情况下才会起到作用。

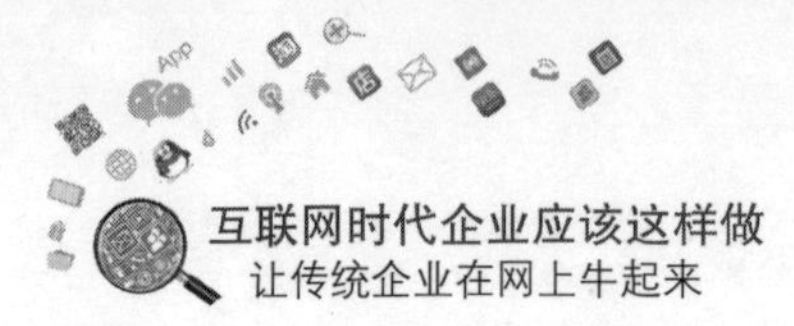

对于饥饿营销的运用，企业要慎之又慎，并不是所有的企业都能做到小米和苹果那样。如果不谨慎运用，很可能会像一汽大众汽车新宝来一样以失败告终。

新宝来在上市之初就是一汽大众的重点战略车型，如图8-3所示。可以说一汽大众对新宝来的上市费了不少的心思。但新宝来上市不久，有消费者到一汽大众4S店购买新宝来时，却被当场要求加价5 000元。其原因竟然是这款车卖得太好，导致断货。不过销售员暗示消费者可以再等等，如果愿意加价则不会等太久。

图8-3　新宝来4TSI自动豪华型

原来，新宝来在上市初期，厂家就开始运用传统的饥饿营销思维来推动销量，以加价的方式制造缺货的假象。然而，结果证明这个方式是错误的。

据报道，一位不愿透露姓名的经销商告诉记者："新宝来车型运用饥饿营销的另一个目的是推动宝来经典或速腾的销量。在购买新宝来车型的消费者来到店内后，销售员告知新宝来因缺货而要加价5 000元的同时，会再告知消费者目前宝来经典1.6的价格已经跌至10.28万元，而新宝来加价后从指导价13.08万元涨至13.58万元，从而给消费者产生价格的落差，让消费者转买其他车型。"

不过，此方式并没有成功，饥饿营销的方式不但没有推动另外两款汽车的销售量，还让新宝来自身的销售量跌入谷底。许多人心仪新宝来，但因为加价问题，而选择放弃购买。

厂家介入调查后，将新宝来的市场售价拉回原来的指导价格。但是这样加价又降价的做法，正式宣告了新宝来“饥饿营销”的失败。

大众汽车为新宝来选择饥饿营销的方式并没有错，只是执行过程中用错了策略。如前所述，传统的饥饿营销方式已经不适合在如今的互联网时代使用。饥饿营销不是靠加价，而是依靠品牌实力以及稳定的惊喜价来塑造的。就如小米手机推出后，不管怎样“缺货”，都不会再提高价格。

所以，企业要做饥饿营销一定要谨慎行事：首先，要抛弃那种依靠加价来制造产品火爆现象的思维方式；其次，要依靠品牌实力；最后，在执行过程中要步步为营。唯有这样，才能运用饥饿营销创造成功。

那么，具体而言，企业要怎样运用饥饿营销手段呢？需做到以下几点。

饥饿营销的前提是消费者对企业品牌的认可

消费者对好产品的需求是非常强烈的，就像果粉对于每一代苹果的期待，米粉对于每一代小米的期待。所以，抓住消费者对好产品的追求心理是非常重要的，正所谓“永远在饥饿，永远在营销”。

所以说，再好的产品也需要消费者的认可与接受，拥有了强大的市场潜力，饥饿营销才有施展的空间，否则只能是徒劳无功。

宣传造势，激发用户的购买欲望

宣传造势激发用户的购买欲望在饥饿营销中也同样重要，企业可根据自身的特点，尽量将宣传造势做到选择有度、行销有法、推荐有序，以此来激发消费者的购买欲望。

微软在推行Windows 7时，先是铺天盖地进行了一番宣传，充分激发了消费者的好奇心，之后又在湖南卫视的王牌节目《天天向上》中对新系统大肆夸奖了一番，从而引起了网友的广泛热议。

上市两天，Windows 7就出现了一货难求的现象，不得不说微软运用的饥饿营销方式非常有效。

制造关键时刻，物以稀为贵

除了要宣传造势，还要懂得制造关键时刻，不要让用户认为你的产品到处都是，随处可买。一个可以随便买到的产品不是稀奇的。小米为什么那样火？除了产品本身够极致外，小米公司还懂得制造关键时刻——产品推出后只能在官网上抢购，让用户感到如果现在不马上购买，就会错失良机。

所以，用户想要抢却又抢不到时，对产品的饥饿感会更深切。当用户抢到这个产品时，并发现它出人意料地好用时，就会得到双倍的满足感。这样优质的商品加上饥饿营销的方式，很容易受到用户的追捧。

永远在饥饿，永远在营销，人的欲望有得到满足的需要，一旦欲望受阻，人们的欲望就会彻底被激发出来。所以，企业主也要懂得如何控制饥饿营销的度，让这个“饥饿”能持久且又不偏离轨道。

4. 制造爆点，引爆社会化营销

什么是爆点？爆点的意思是企业在销售产品时不仅要给产品包装卖点，还要刻画产品的性格，制造一个引爆点，并利用微博、微信等网络媒体引爆社会化营销。

产品能不能卖得好，除了需要有极致的用户体验之外，还需要一个爆点。这个爆点要够极致，要极具爆炸性，能在瞬间吸引用户的眼球，挑起他们的兴趣和好奇心，让他们不自觉地对这个爆点进行讨论。

互联网本身就是一个产品爆点的聚集地，现代企业成功的第一要素就是能制造爆点。从微信上，看到爆点引发的社交狂潮；从淘宝上，看到爆点引发的抢购狂潮；从口袋购物，看到因爆点而大火的导购等。

所以，没有爆点，腾讯就做不了社交；没有爆点，淘宝商户就推不动销量。如果企业能把重心放在一处制造爆点，想不成功也难。爆点不仅要极具爆炸性，同时也要具备内容的极致性。只有将吸引眼球的爆炸性和内容的极致性相融合，才能形成核心竞争力。在互联网领域，如果不制造爆点，就很难引起关注。

疯狂猜图引起的疯狂，就源于它的爆点，如图8-4所示。从2013年5月开始，如果你打开微信朋友圈，可能会发现你的朋友圈已经被一款游戏占领——几乎每个人都在分享疯狂猜图。疯狂猜图前期的投入成本不到10万元，但小投资却得到了大回报，在上线之初其日增用户就达30万人，上线一个月就有了千万下载量的佳绩。对于这样一款低投资的游戏来说，它创造的增长速度在游戏界内算得上是一个奇迹。

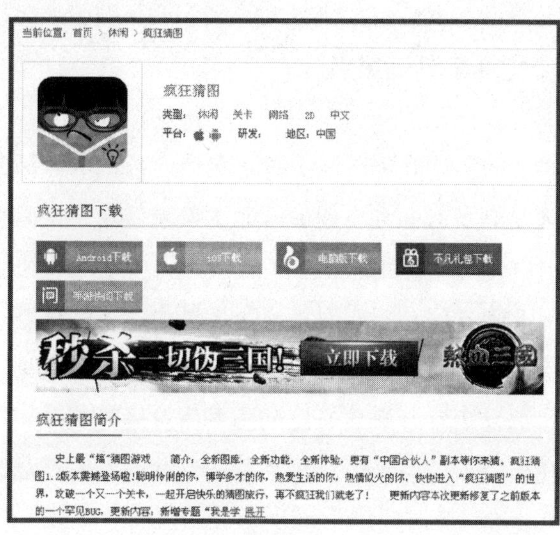

图8-4 疯狂猜图官方下载

疯狂猜图其实是一款非常简单的游戏。用户进入游戏后，系统就会自动向用户呈现出一张图片，然后再给出24个待选汉字或字母，用户在答案框里输入正确的字母或数字就能闯关成功。如果答案错误，用户可以选择用金币换取提示，也可以分享到朋友圈向好友寻求帮助。其简单又极具趣味的过程引发了一场社交狂潮，大部分玩微信朋友圈的人都在玩这款游戏。

事实表明，将游戏分享到朋友圈向好友求助，朋友圈的好友打开后也成为新用户，新用户遇到了困难然后又向下一个好友求助，从而又吸引了新用户，这一传播链条持续而不断裂。同时，基于微信朋友关系的私密性与信任性，疯狂猜图实现了爆发式的增长。

疯狂猜图的成功其实与2012年的另一款引发热潮的游戏“找你妹”相似，都是制造爆点，借助于社交网络，引发全民的大狂欢。这两款游戏的成功都证明了制造爆点对于引发社会化营销的重要性。

制造产品的爆点，其实就是将产品做到极致，将用户体验做到极致，然后将这些极致集合起来制造一个爆点，从而引爆社会化媒体营销。

但如何制造爆点呢？企业需要从以下两点入手。

利用社会化传播来制造爆点

互联网与线下的实体商店不同，线下实体店营销的区域是闭环，其销售和口碑传播都受到了时间和空间的限制。换句话说，就是用户购买半径的局限决定了用户对产品瑕疵的容忍。

但在互联网上则不同，互联网是无边无界的。在信息变得透明化和便捷化的今天，用户对产品已经变得非常挑剔，对于产品的爆点也极具敏感度。他们使用过产品后往往会将自己的消费体验通过互联网与他人分享，从而引起社会化传播效益。所以，用户基于互联网对于产品的评价才是企业能制造爆点的关键。

疯狂猜图的成功引起了企业对微信朋友圈的重视，从个人到企业都想借助朋友圈打造社会化传播的平台。

与疯狂猜图的走红类似，百度魔图和魔漫相机等也先后在2013年引起了用户的极大关注。它们的成功与疯狂猜图一样，都是制造爆点，依靠朋友圈引爆社会化传播。百度魔图的爆点是PK明星脸，魔漫相机的爆点是将使用者自己的照片做成极具幽默感的漫画形式。两个相机软件的爆点都在朋友圈引起了人们广泛的兴趣，进而吸引了更多人下载使用。

让爆点具备持久性

只有把产品做到极致才能制造出爆点，才能引起用户的注意，进而引起社会化营销现象。但许多产品的爆点都是一时的，不具有持久性，只能引起一时的社会化现象。这个时间段过去了，一切就烟消云散了，之前取得的成功也会随之消失。所以，让爆点具备持久性也是非常重要的。

百度魔图利用爆点获得了不小的成绩，短时间内积累了不少的用户，但随着用户热度的减退，如何让爆点具备持久性成为百度魔图首先要解决的问题。当用户上传一两张照片时也许会感到兴趣盎然，但是当上传了十几张照片后，兴趣就会下降。有一个实例：某个用户在朋友圈看到朋友使用百度魔图，感到很有趣，自己也下载了一个。但当她玩了几次后，就将它卸载了。这样的例子在百度魔图的用户中是非常普遍的。

所以，让爆点具备持久性的特质是非常重要的，否则就和百度魔图一样只能火爆一时，新鲜劲儿一过，产品就失去了社会化营销的潜力。

衡量一个产品有没有爆点，有一个简单的试验标准，就是在微博或是微信朋友圈上发布，看看是否可以引起用户的热议或转发。如果有且是大量的，那么证明你这款产品的爆点制作成功了；如果没有就证明你的产品还不够极致，还没有引发社会化营销的爆点。

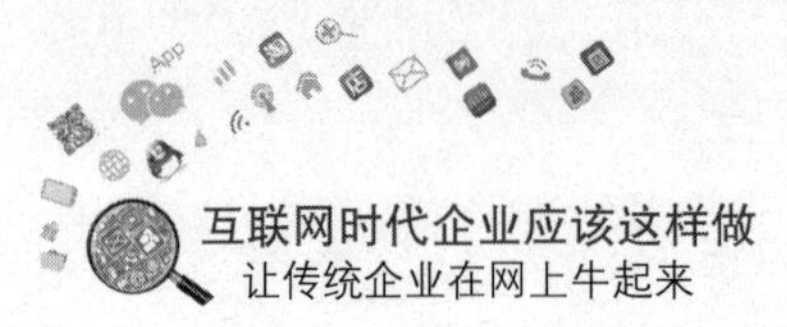

5. 流量意味着体量，体量意味着分量

流量一词从互联网出现时就已经存在，最开始的网站运作需要流量来运行，后来的客户端需要流量的支持，而现在产品的成功更是离不开流量。流量成为衡量企业用户量的重要标准，如何获取流量成为企业必须面对的问题之一。

流量与销量是息息相关的，流量是销量的保障，是互联网产品的第一生存要素。如果没有流量，即使企业拥有极致的产品和模式，也是没有生命力的。

互联网的发展让企业有了全面展示自己的平台。在这个平台上，流量成为企业产品销量的基础。本质上，互联网的经营模式就是流量模式。无论是广告还是电商，都需要靠流量增加收入。

互联网的流量模式发展至今，已是被开发得最为彻底的资源形式。各大企业对流量的收集都有了丰富且成熟的方式。流量模式的成熟让现在的流量生意变得越来越难做，因为用户量是有限的，所以流量可开发的程度也是有限的。

不管是传统互联网还是移动互联网，绝大部分用户上网都需要一个入口，所以，企业占据了入口就等于占据了流量。而整个互联网界的流量基础都是由这些入口流量的再次分配所得，在这些入口之外的流量太过分散，收集起来耗资巨大。所以，掌握了入口流量就掌握了用户，同样也就掌握了获取其他更有利资源的机会。

迅雷就是一个运用流量非常成功的例子，如图8-5所示。迅雷作为国内非常流行的下载工具，其一开始就推行免费模式以获取用户流量。用户可以直接从网上下载迅雷并且安装，无需任何费用，而且迅雷下载文件的速度很快，能为用户节省不少时间。可以说这两点在很大程度上满足了用户的需求，从而使迅雷获得了大量的用户。

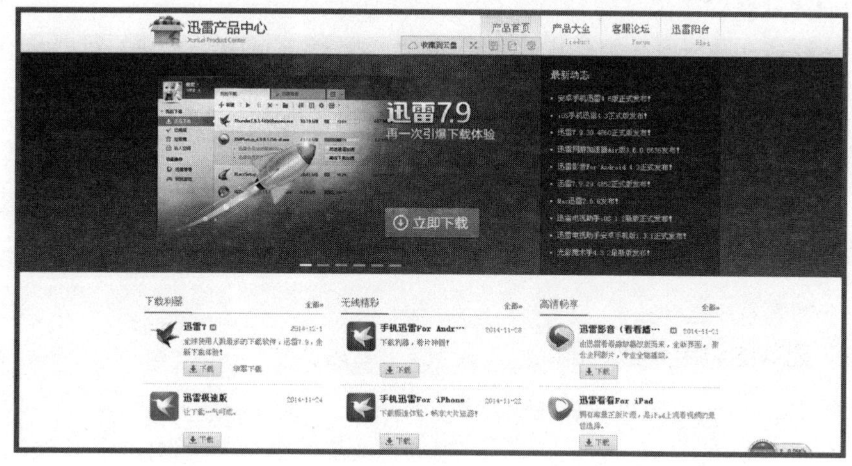

图8-5　迅雷官网

2003～2009年，只经过短短6年的时间，迅雷就拥有了数亿的用户量。在这个庞大的基础上，迅雷开始推出会员制，提供差异化的增值服务，让获取的流量产生价值。

这个会员制分为三个级别：普通会员可以自己去做广告，可免费获得定量的高速下载通道以及离线空间；白金会员可以享受云播服务，在线观看BT种子，还可在高速通道拥有1 000GB/月的下载流量；钻石会员则可以使用手机迅雷高速通道加快下载速度。三种类别的会员收费分别是99元/年、149元/年、250元/年，截至2010年，迅雷付费会员的人数就已突破了100万。

2009～2011年的3年时间里，迅雷分别达到了约1.6亿元、2.7亿元、5.56亿元的赢利，2012年的同比增长率依然保持往年的纪录。

根据2012年10月迅雷公司的一篇报告显示：迅雷的业绩连续3年都取得了100%的增长，全国用户覆盖率达到70%，月用户覆盖率达到3.7亿，付费

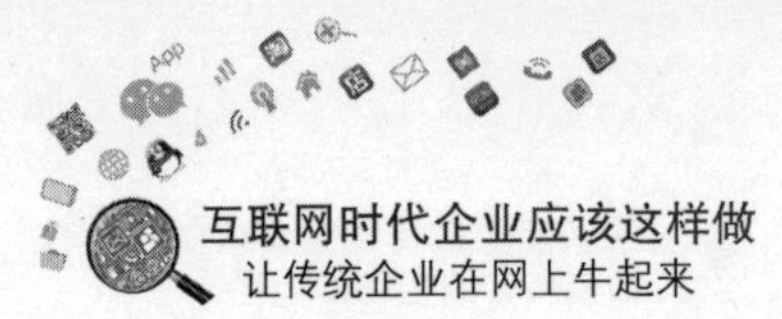

会员人数增至350万人。

光看迅雷这几年的发展，就可知道其在获取了庞大的用户流量后产生了多少价值。

许多互联网巨头企业在开始时推行的都是免费模式，为什么推行免费模式？就是为了获取用户流量，因为有了用户流量才能产生各种各样的商业价值。

不过在获取流量的过程中，企业也不能太过盲目，对流量的获取需注意以下几点。

无效的流量是致命的

在互联网迅速发展的今天，流量的获取形式也越来越多样化。所以企业还需要在流量面前保持清醒，认清流量的来源，明确这个流量是否能创造价值。

互联网的创新精神保持了新流量资源的开发，从雅虎的门户网站到谷歌的搜索引擎，再到今天的手持设备，流量都以各种各样的形式存在着。

确定流量的属性

基于流量在互联网竞争中的重要性，企业首先要知道自己的产品和各类平台的流量属性，以便能省时省力地找准切入点。很多企业为了想让产品达到一炮而红的效果，会选择购买流量，因为购买流量可以让企业产品获得表面上的繁荣，从而获取用户的关注度，但这种手段只是一时的，不能长久。产品自然需要流量，但是更需要的是流量的转化，如果企业花费巨资获取了流量，但用户的留存度却很低，那么这依然是无用的流量。所以企业在获取流量前一定要确定流量的属性，这样才能进行有针对性的宣传，从而获取具有高黏度的用户。

阿里巴巴对流量的获取就具有高度的准确性，可以针对目标群做推广，从而使流量的转化率达到较理想的结果。

总之，各个企业主要更深入地去了解流量的本质是能创造价值的大用户量，同时企业主需要在运营中对其进行缜密的分析，唯有这样才能用最小的代价将流量转化为商业价值。

6. 线上线下，组合营销

互联网的本质就是变化与创新，营销方式也一样。过去一成不变的线下营销方式早就不能适应新的变化，如今的营销已从线下转到线上，实行线上线下O2O的组合营销模式。

商业的本质就是要提高效率、降低成本，企业要围绕着这两个方面来努力。与传统电商模式相比，O2O模式是非常符合商业本质的，因为，它充分利用了社会的现有资源来就近为用户提供服务。就近消费非常符合消费者想要安全感的心理需求。这一特质让O2O模式得到了许多企业的欢迎。从主打O2O模式的企业中可以看出，O2O模式的关键点就是对线下资源的有效整合。只有线下资源充足，才能覆盖广泛，发挥优势，得到大规模的发展，如节省邮费、较快收到商品，同时还能为用户提供便捷完善的售后服务。

O2O模式的线下资源整合方式主要分为两种：一种是传统企业对自己旗下产品的整合；另一种是新兴的电商企业对以区域为单位、以某一品类产品或服务为目标进行的线下资源整合。不管是哪一种方式，唯有将线下产品有效整合，才能发挥O2O的线上营销的优势。

O2O模式的核心就是利用互联网将线上的用户带到实体店去消费——在线购买某一产品，再到线下去享受。这个新型的组合营销模式可以提供许多渠道为商家服务：团购渠道，如美团网、拉手网；开通平台渠道，如淘宝、天猫、京东、当当等；进行网络口碑宣传，如开通微博、微信等；建设专业的O2O网站……通过这些渠道让更多的用户知道商户的产品，帮助商户打开线下销售的局限。商户利用互联网在线上依然可以进行销售，且不受时间、空间的限制。O2O模式的运行在为商家提升销量的同时，也为用户提供了轻松便捷的消费服务。

巴比馒头就是利用线上线下组合营销模式，将单价0.7元的馒头卖到了年销售额10亿元，如图8-6所示。

巴比馒头成立于2003年，现有门店1 368家。巴比馒头的前身是“刘师傅大包”，是安徽小伙刘会平在上海创办的，专做馒头和包子。2003年，为了吸引更多的年轻人前来消费，刘会平将店名改为“巴比馒头”。到2004年年初，就开了10多家直营巴比馒头分店，算上加盟，共计20多家。

开放加盟后，巴比馒头的角色定位就发生了改变，一下子变为中式面点的制造商，只负责向加盟商供应包子、馒头的原料及半成品。

但真正促使巴比馒头大发展的是开通了网上渠道之后。2008年，刘会平将巴比馒头注册为上海中饮食品集团有限公司。同时，在以店面销售为主的同时，开通了网上销售渠道。巴比馒头的加盟商只要通过网上订货，刘会平就可直接将原料送到加盟商手中。这不仅让巴比馒头打破了地域局限，而且通过网络推广，更多的人知道了巴比馒头这个品牌，也使得想要加盟的商户增多了。

利用线上线下结合的方式，加盟商可以在网上下订单，公司在分配统计后，每天通过上百辆冷链车按地域为门店做配送。如果承接生鲜电商的配送业务，还可以直接将生鲜包裹带到门店，这样几乎不增加任何成本。另外，刘会平也将配送时间集中在上午配送，因为本店的生意基本在中午和下午，这样就可获得更多的销售业绩。

图8-6　巴比馒头官网

此外，巴比馒头还对消费者开放网上订餐。只要通过网上订餐，巴比馒头就会就近为消费者送餐。消费者还可购买消费券到店内消费，这样就全面实现了线上线下组合营销模式。

2012年，单是巴比馒头品牌就实现了4.5亿元的营收，加上团餐、网上订餐等业务收入5亿多元，共计营收10亿元左右。

O2O营销模式像一夜春风，吹遍了全球市场，为企业带来了全新的线上线下结合的营销体验。

企业在实行这一模式时，要懂得如何权衡网上营销和线下传统营销之间的平衡，懂得选择什么样的定位。这需要企业注意以下两个问题。

扬长避短，有效结合

互联网线上线下的组合营销模式，在经过不断试水之后，体现出了强大的生命力。线下营销有其短板，线上营销也并非万能，但将两种方式有效结合就能推动销售量。

就像是护肤品牌可伶可俐，在经过多次的O2O试水后，成功地将线上推广和线下服务进行了有效结合，将可伶可俐新品洗面奶以动感、时尚、前沿的品牌定位融进线上线下的营销当中，全面提升了品牌的销量和影响力。

双剑合璧，缺一不可

线上线下这两种营销方式可以说是企业的左膀右臂，如果只靠一只手，营销之路想必会困难重重。只有依靠双手的共同合作，才能稳健地提升产品的销量和品牌影响力。

总之，互联网线上线下组合营销的最终目的，就是帮助商家打开网上销售渠道，充分挖掘互联网市场，然后再通过线下资源的全力配合，让商家做出更好的销售业绩。

7. 先有圈子，再做活动

在大众传媒时代，企业进行品牌宣传的方式是花钱购买媒体，依靠创意或是强制灌输的方式将品牌信息传播给消费者，这是一对多的传播方式，也是传统的营销思维。而消费者们为了看电视剧、听广播，或是等地铁、公交“被迫”接收了这些信息。在这种营销方式下，虽然消费者接收到信息，但转化为购买行为的概率却非常小。

在社交网络时代，微博、微信、QQ等社交媒体平台，是现代人互相沟通、联系的工具。人们只关注自己感兴趣的人和事，所以，企业如果想要在互联网上做营销，就必须用各种各样的方式把网民的注意力吸引过来。然而很多企业在产品推广中，发现网民突然一下子就消失了，关注产品的人数远远达不到预期标准。由此可见，网民对突如其来的广告活动根本就不感兴趣，甚至会产生厌烦感。

互联网的社交思维本质上就是社交，是人与人之间的社交，是品牌与用户之间的社交，简单地讲就是交朋友。但是很多企业在与消费者互动的过程中太过急功近利，忘了“己所不欲，勿施于人”的道理。有些广告是消费者需要的，消费者就会留下；有些广告是消费者不需要的，消费者自然不会关注。要记住一点：消费者需要的广告，其表现形式也很重要，也就是说，要让消费者乐于接受。

2013年，湖南卫视推出的大型亲子户外真人秀节目《爸爸去哪儿》就是运用社交思维的典型案例。2014年这档节目第二季开播，如图8-7所示。

与之前不少娱乐节目在开播前所进行的大力宣传不同，这档节目在开播前几乎没什么人知道，但是在播完第一集后，就在社交网络上引起了巨大的讨论浪潮。许多看过这档节目的观众纷纷给予好评，其他网友看到好评后产生好奇心也去观看这档节目。在这种不断的良性循环之下，越来越多的人都成为这档节目的忠实观众。湖南卫视依靠内容为主，建立了一个庞大的爸爸粉丝圈。

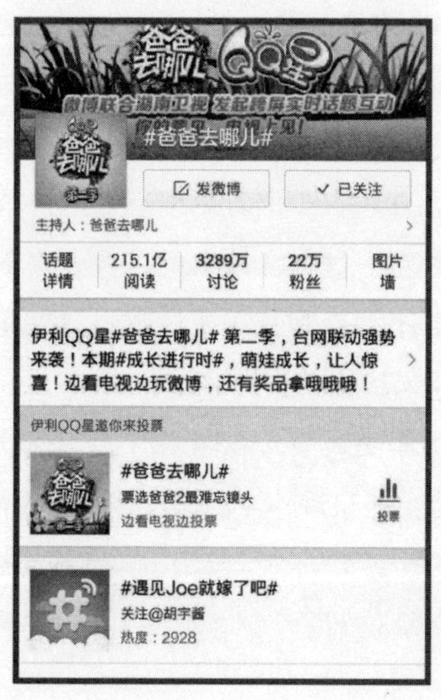

图8-7 《爸爸去哪儿》第二季官方微博

《爸爸去哪儿》开播后收视率直线上升，节目也备受关注。这档节目的大获成功不只让湖南卫视得到了良好的效益，也带动了许多产业的效益。除了冠名商的产品一度卖断货，就连《爸爸去哪儿》录制地点也成为大受欢迎的旅游景点。

看到《爸爸去哪儿》的火热，湖南卫视当机立断选择开拍电影。电影的内容与电视的内容没什么区别，也是到一个地方录制，然后五组家庭开始做活动。因此，这部电影受到了许多业内人士的批评，甚至有人认为湖南卫视是在圈钱。但是《爸爸去哪儿》的忠实观众却非常支持湖南卫视的这一做法，在网上纷纷留言："看了这么久免费的好看节目，贡献几十元给电影有什么关系，算是一种回报吧！"果真，《爸爸去哪儿》大电影的票房突破了6亿元。

如果湖南卫视在没有这档节目之前就制作这部电影，网友肯定是不买账的，或大肆批评，或坚决抵制。但是《爸爸去哪儿》利用口碑建立了属于自己的社交圈，拥有了一批最忠实的观众，他们心甘情愿接受湖南卫视的营销方法。这就是互联网社交思维的极佳体现——先有圈子，再做活动。

这种思维在《爸爸去哪儿》第二季也得到了体现，伊利以3亿多元的高价成功冠名第二季，其广告不但时刻出现在电视节目中，甚至有一期的录制地点选择了伊利牧场。这种赤裸裸的广告方式不仅没有引起网友的反感，还让许多网友兴起了到伊利牧场旅游观光的兴趣。无形之中，伊利的形象得到提升，其产品销量的增长自不待言。

《爸爸去哪儿》的成功表明，在网络时代，先以内容和口碑建立社交圈子的做法很值得借鉴，好口碑建立的圈子是很有效的营销方式。

企业要建立自己的社交圈子进行营销，也需注意以下几点。

要揽瓷器活儿，得有金刚钻

企业在建立圈子前一定要估量一下自己的实力，否则很容易获得相反效果。例如，你刚刚开了一个店，就要投入大笔资金去建立自己的网站，这是非常不明智的。倒不如从小方面做起，先从微信朋友圈、微博开始做起，与用户交朋友，听取用户的意见，久而久之用户就会对你产生信任感，对你所做的一切营销广告非但不会排斥，还可能帮你做推广。

麦包包被誉为网上箱包第一品牌，因为看清了自身的弱点，便以淘宝这个大平台为支撑点，以微信、微博为营销阵地进行营销。

在刚开始时，麦包包在资金、存储、经营等各个方面都存在着严重的缺陷，想要建立一个属于自己的圈子是一件非常困难的事。于是，麦包包就利用微信来吸引用户的注意，推出了一款"不如换个包"的互动游戏，抓住女生情绪容易受到影响的特点，提供"海报生成器"，请用户设计自己背着包的海报，然后分享给朋友，同时用户还有机会赢取红包。许多微信用户都被这款具有互动性、激励性和趣味性的游戏所吸引，纷纷关注了麦包包的官方微信。由此，麦包包聚拢了一大批粉丝。

从小做起，亲力亲为

建立社交圈子不是一时半会儿的事，也不是依靠一些抽奖的方式就能做到的。刚开始建立社交圈时，企业负责人一定要积极地与用户结交——很多用户其实都是冲着对负责人的信任感而去的。

以黄太吉煎饼创始人赫畅为例，黄太吉的成功就是因为他懂得经营社交圈，利用社交圈来增加产品的销量。黄太吉煎饼的微博、微信、论坛等社交媒体都是由他自己来打理的。他每天都会花大量的时间来与粉丝进行互动，查看粉丝的评价，并通过与粉丝的互动不断对产品进行改进。赫畅的亲力亲为，不只让黄太吉的客户认为他平易近人、值得信赖，旗下的员工也以赫畅为榜样，对用户、社群的经营更加用心。

总之，微博也好，微信也罢，都是社交网络化的产物。最重要的是企业负责人要明白怎样建立圈子，怎样与消费者进行互动，这才是互联网社交思维的核心。

第九章

>> 触网案例：传统企业向互联网转型的十个经典案例

现在，互联网已经渗透各行各业，许多企业都依靠互联网获得了成功。本章为您详细讲述餐饮、地产、旅游、金融、农业、家电、酒业、通信、零售、美容十个不同行业利用互联网获得成功的十个经典案例。

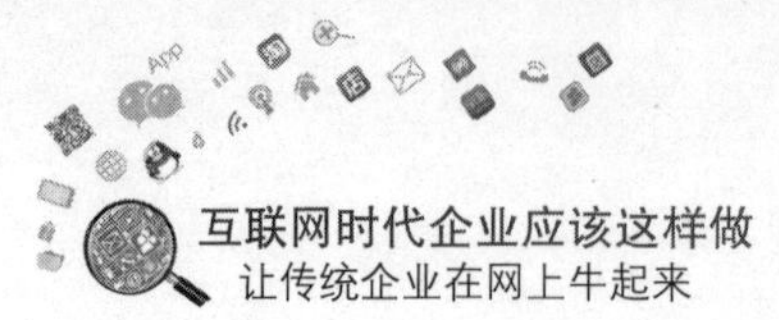

1. 餐饮：雕爷牛腩的互联网营销

雕爷牛腩是近两年在网上很火的餐饮品牌，也许它不是最赚钱的餐饮品牌，但它在互联网上的人气和名气绝对超过任何一家餐厅，如图9-1所示。

雕爷牛腩的创始人真名叫孟醒，是个网络红人，网名雕爷，他同时也是淘宝最大的精油品牌阿芙的创始人，阿芙精油在淘宝上占据了60%的精油市场份额。

用互联网思维做菜品

从雕爷牛腩的菜单中就可看出它将互联网的产品思维运用得很好，将产品的每一个细节点都做到了极致。其菜品和餐具上的每个细节点，雕爷都极具用心，不惜代价满足用户的需求，为用户提供最极致的体验。

图9-1　雕爷牛腩蓝色港湾店

雕爷的招牌菜——牛腩的独家配方，是孟醒从周星驰电影《食神》原型——香港食神戴龙那里花500万元买断而来，单是这一项，就为雕爷牛腩赚足了消费者的眼球。

在茶水方面，雕爷也很用心，甚至达到多余和浪费的程度。提供上好的西湖龙井、冻顶乌龙、茉莉香片、普洱让客户选择，并且不限续杯。

主食方面，雕爷提供了三种米饭，分别是日本越光稻、泰国香米、蟹田糙米，并且免费不限量。

餐具方面，每双筷子都是专门定制的，用的是缅甸鸡翅木，并免费送给顾客当作纪念——这是口碑传播的好素材。雕爷牛腩的碗更是做工精细，且申请了发明专利。炖牛腩的锅号称“铁扇公主”，也同样申请了专利。

雕爷将每个细节都做得精细、讲究、有品位，所花的成本和心思都不小，但是回报也相当丰厚。

首先可识别的独特符号很多，利用细节增加了市场竞争力；其次是人性化的设计让用户享受到了极致的体验；最后是从各个方面超出了用户的预期，口碑传播的效果十分强大。

用互联网方式做营销

雕爷牛腩为什么刚开业就能那么火？因为雕爷牛腩用了互联网营销手法——封测，这种方法在游戏中是最常见的，但是孟醒却把它运用在了餐饮行业中。

在正式开业之前，孟醒就开始搞封测，邀请各路明星大腕前去试吃。雕爷的前期投资就将近千万元，不过也得到了相应的口碑传播效果，尤其是明星在网络上的热捧，让其在短时间内就火得一塌糊涂。

雕爷牛腩使用封测的第一目的是利用半年时间来调整菜品、训练服务；第二个目的是借机宣传，所以雕爷才会请各大明星、美食专家前去试吃。

在封测期内如果没有预约，无论是谁都会被服务员拒之门外。据说韩寒前去试吃，因为没有预约被拒之门外。雕爷弄得越神秘，前期端得架子越高，就越能引起人们的好奇心。

除了搞封测之外，雕爷牛腩还专门设置了一个VIP菜单，不提供给普通用户。这种玩法就如互联网上的增值服务一样——不另外花钱，就享受不到特权。

尽管雕爷牛腩属于传统的餐饮行业，但是孟醒一样能将互联网的营销手法融入其中，并且取得了相当不错的效果。

用社会化媒体做粉丝文化

“不疯魔，不成活”，对于竞争激烈的传统餐饮业，孟醒利用互联网重新定义了餐厅的运营模式——通过社会化媒体塑造粉丝文化。

粉丝文化成为互联网时代最独特的一个现象，往往在某个产品做到一定的阶段时就会聚拢一大批死忠的粉丝，产品越被人骂，粉丝就越死忠。例如，小米手机从一开始推向市场时就有人骂，但往往招来米粉们的奋起反击。

雕爷牛腩发展至今也培养了一批忠实的粉丝。每当有人骂雕爷牛腩，粉丝就群起而攻之，从而形成骂战，闹得越厉害，影响就越广，引来关注的人也就越多。

雕爷牛腩专门开设了微博、微信群，与粉丝进行互动。作为公司的总裁，孟醒每天都会亲自做“客服”工作，对用户的评价一一进行回复处理。在雕爷牛腩，对用户评价的重视成为整个公司的“天条”。

孟醒认为在互联网时代，上传下达的企业管理已经不适用，要身体力行、亲身示范。所以，他才会每天花大量的时间做客服的工作，处理用户的评价，用户有任何建议或是投诉雕爷牛腩，他都会在第一时间处理。如果粉丝对哪一道菜的意见最大，这道菜就会被新菜式取代。粉丝如果在就餐过程中产生任何不满，都可以通过官方渠道进行反馈，以获得赠菜或免单服务。

孟醒认为，微博是用来引爆产品和传播产品的平台，是做流量的社会化媒体，而微信则是用来维护住老用户，提升重复购买率的平台。

例如，每当餐厅出了新菜式，就会在微博上发布，引起用户的关注，然后再通过微信发给每一位老用户，内容包括拍菜式图片、口味的描述等方面，如图9-2所示。但是这个内容就不会在微博上发布，以体现老用户的专属性。

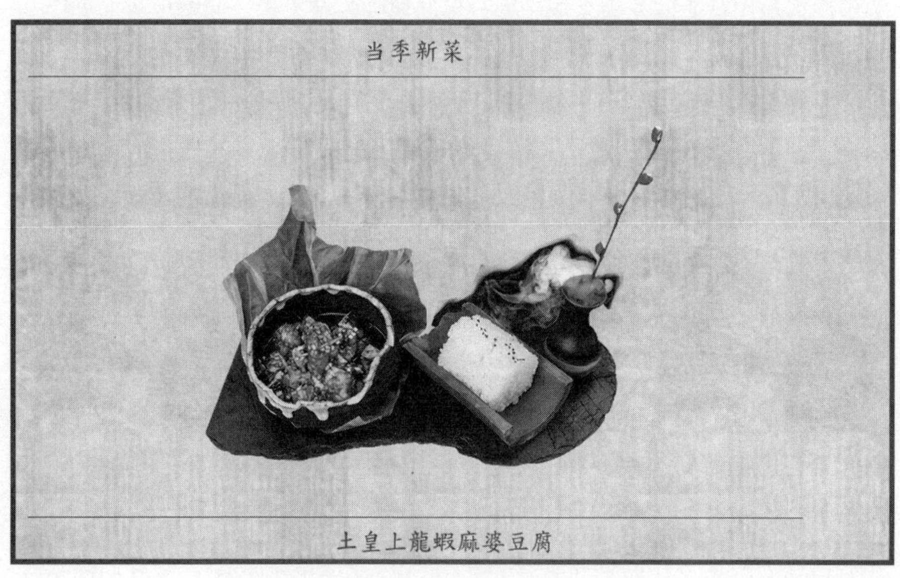

图9-2　雕爷牛腩当季新菜

餐饮业与互联网一样，也是需要不断迭代更新的。唯有根据用户的反馈进行升级和优化产品，才能增加客户黏性和持续保持口碑传播效果。“只要用户不满意，就迅速做出调整”，这是雕爷塑造成功的关键。

雕爷牛腩的成功对于其他意欲转型的传统行业来说，是一个很好的启发，值得学习和借鉴。

2. 地产：万科从“卖住宅”转型为“卖服务”

万科已经在地产行业拼搏了30年，正所谓三十而立，一般的人都会在这黄金年龄做出一番事业，创造一个新天地，万科也一样，如图9-3所示。作为国内房地产行业的龙头企业，万科不断地吸收新思想，与时俱进。如今，万科也正式拥抱互联网，从过去传统的“卖住宅”转型为“卖服务”。

2011年，万科总裁郁亮在一次内部演讲中说：“像手机行业一样，房地产行业在不久的将来也会迎来像小米一样的搅局者，以互联网思维模式打破传统行业的旧秩序，威胁甚至取代我们。”郁亮认为，在互联网时代，房地产行业也要进行自我变革，从互联网行业中汲取经验，找到传统地产行业在未来的生存之路。万科现在最大的课题就是确立未来的发展方向，往急速发展的互联网方向靠拢。

一直以来，万科都以引领者的姿态带领着房地产行业不断地向前发展，本身也有着骄人的业绩。但万科想要的远远不只这些，所想的也不单单是眼前的发展。

在过去的十多年时间里，中国的住宅产业已渐渐成型，业务的需求层次在这十多年中不断提升。直至今日，业主对住宅的需求已经不再只是简单的居住功能，同时也要求其承载居住品质。与此相对应的就是，城镇化发展也进入了新阶段，远郊社区、新城社区配套都急需进一步完善。城镇化的来临对中国房地产业提出了新的要求。而万科正是看到了这一点，将过去传统的卖住宅改为卖服务。

万科的定位是，遵循以用户为中心，为用户打造一个人文舒适的环境。过去，万科重视的只是如何去建造好房子，现在则以房屋质量为基础，以好服务和好邻居为辅助，创造一个人文舒适的新概念住宅。

图9-3 万科中心

首先，万科在以房屋质量为基础的同时，进行了“邻里家”自主经营社区商业模式的初步探索。这个项目主要是以社区小商铺为主要目标，在社区内设置药店、超市、银行等社会基础设施，为用户提供最为及时、便捷的服务。

其次，是以“生活广场”概念为主的住宅产品。主要以大小适中、较为集中的城市占地面积为主，以村落、街区的形式建造，并进行灵活配置以便辐射周边社区。

最后，是以万科广场为概念的住宅产品。这种形式的住宅一般分布在一二线城市，其与生活广场最大的不同就是它的商业部分是以Mall的形式存在，以贴近居住、生活需要、休闲娱乐、文化教育为主要内容，如图9-4所示。

图9-4　万科金隅广场

万科所塑造的新型城镇化，并不是表面上的地理意义的城镇化，而是人口与文化结合的城镇化。除了为社区配置食堂、菜市场、洗衣店等，万科还会继续将配套设施内容加深，如养老设施以及类似于“四点半”的学校。万科从每个细节入手，通过塑造一个简单亲切的品牌，为居民提供一个高质量的社区平台。

2013年，万科针对旗下的二十多个社区的老龄人口做了一番详细调查。依据调查结果，万科认为解决养老保障的基点应该放在社区，打造一种新的社区养老模式。

机构养老社区化

老年人的基本活动场所都在社区里，以社区为中心来为老年人提供生活照顾、医疗保健、精神慰藉服务才是提高老年人生活质量的现实需求。

因此，本着就近原则，万科站在贡献社会、方便小区、使社会福利得到最大化实现的角度，将一部分自有资产用作服务小区的养老设施。在社区内设置养老机构，可避免老人为了养老而离开自己熟悉的生活环境所造成的精神压力。有了社区养老机构，老人可根据自己的需求决定租期。万科最大限度地满足了老人的生活需求。

整合商业与医院资源，提供社区专业养老照护服务

除了为老人提供高质量的硬件设施，万科也站在老人的角度，将核心服务改为“健康生活护理”，打造以精细化护理服务为主要特征的养老社区。建立专门针对老人的活动设备及功能区，如老人健身房、老人多媒体娱乐室、老人移动互联网等。

万科与多家知名医院合作，将医院的资源带到社区。在未来，社区除了能为老人提供一般性疾病的医疗服务之外，还具备为突发疾病进行紧急抢救的能力。如对老年常见病的咨询服务，定期请专家前来坐诊，提供急救车等。万科将商业服务、医疗服务与养老服务做了全面的结合，从各个方面满足了老人对于养老的需求。

从万科的社区商业到购物中心再到社区要老，足以看出万科将互联网思维的运用发挥到了极致，跟上了用户需求变化的角度，增加了用户的扁平化，增加了用户住宅的黏性程度，形成了以“卖服务”赚钱的互联网商业模式。

万科商业模式的改变，在2013年就使其年销售额达到1 709.4亿元。按照既定的增长速度，2014年更是突破了2 000亿元的销售业绩。万科从传统业务运营模式向互联网服务运营模式的转型，使其走出了一条全新的发展道路。

3. 旅游：发现旅行的互联网之路

在互联网大行其道的今天，一向走传统路线的旅游业也发生了巨大的改变，从传统的旅行社变成了依靠线上线下一体化、生产运营标准化的O2O模式的旅游网。

在线旅游的快速发展是如今旅游业的一个大趋势，信息技术在旅游产业中将会被大范围、多场景地应用，在不久的将来会彻底改变旅游业的运作模式。

为什么旅游企业会纷纷走向电商、在线服务之路？这可以从两个方面来分析。

从企业内部来讲，互联网化和信息化能省下不少渠道成本，打破了地域的限制，而且旅游产品无库存的特点非常符合在线经营。互联网可产生大规模产品符合旅游用户规模化的需求，而互联网的大数据也可帮助旅行社进行各项指标的分析。

从企业的外部环境看，旅行社走电商发展之路的一个重要原因是用户行为的改变。现在的年轻人都是跟随着互联网一起成长的，互联网已经成为他们生活的一部分；再有就是以网银、支付宝、微信支付等为代表的在线支付技术的成熟，用户对在线支付的信任，也是旅游业往互联网化发展的一大原因。

在众多旅游产业中，发现旅行可以说是旅游企业互联网化的成功代表，如图9-5所示。

发现旅行于2013年9月中旬上线，不过一年多的时间，就已经在业内赢得了不错的口碑和销售业绩。区别于其他旅游网站致力于打造平台，发现旅行独辟蹊径，为用户提供最佳的出境旅行体验。

发现旅行是怎样为用户提供最佳出境旅行体验的呢？

提供最省心的自由行

发现旅行总裁王振华通过数据分析发现，现在的旅游业呈现出这样一种状态：跟团旅游因为过于死板，已经越来越不受旅游爱好者的欢迎，而自由行则越来越受人欢迎。但自由行的弊端就是需要自己做旅游攻略，亲自搞定从机票、酒店到一系列琐碎的事情。这个弊端大大降低了人们对自由行的热情。上网查找资料也会因为信息量太过庞大而将自己置身于一种选择困境，且很难分辨信息的真实性，所以往往只能凭感觉行事。这样做的后果就是碰运气，运气好了就能享受到一次美好的旅行，反之则不然。

随着人们生活水平的提高，消费者的需求也变得越来越多样化，对服务细节的质量要求也越来越高。这无疑对传统旅行社发出了一个全新的挑战。

在几方面因素的综合作用之下，专门针对自由行的一站式在线旅游服务行业迅速兴起，发现旅行就是依靠着这一大趋势迅速崛起的。

图9-5　发现旅行网产品

发现旅行专门为自由行旅游者提供了机票订购、酒店预订、签证服务、目的地交通、当地特色食物等一站式服务安排，用户不必再在海量的

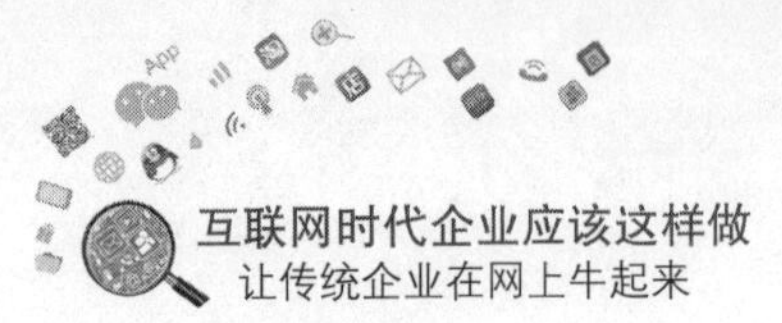

信息中碰运气。

虽然，发现旅行为游客做了安排，但并不会让游客产生束缚感，发现旅行只是帮助用户解决几项必需且麻烦的事情。

同时，发现旅行还为用户精细地考量了各个旅游地的通信问题，并针对这一需求推出了3G上网卡，解决用户在各地旅游的上网问题。同时，也方便用户通过网络与客服进行互动沟通。

发现旅行推出的服务项目让自由行变得简单轻松起来，也让每个自由行旅客获得了最佳的旅游体验。所以说，在互联网时代最缺的不是平台，而是缺乏好的产品和服务，显然发现旅行做到了这一点。

发现旅行之所以能够成功，也与其提供的信息简洁、直接有很大关系，如图9-6所示。

图9-6　发现旅行网页面

用户打开发现旅行的首页，看不到密密麻麻的信息提供，只能看到旅游景点的图片。如果用户对哪个地方感兴趣，直接点击进去就可以得到相关信息，包括乘坐飞机的资料，入住酒店的资料，能提供哪些服务，当地有哪些特色景点，各个购物地点，怎样申请签证，各项费用的明细表等，就连当地使馆受理签证的时间，发现旅行都会帮用户标注好，十分细心周到。

发现旅行的页面完全是按照消费者的心理需求打造的。发现旅行的目标客户一般都是28～40岁这个年龄段、具有经济基础的人，他们工作繁忙，相比于经济成本来说，更看重如何节省自己的时间。

互联网讲究的是一个快字，但是许多东西是很难一步到位的。也许在2005年、2006年前，用户看中的是信息，但现在大家看中的是服务。信息只是一种手段，现在给用户一堆海量的信息让其自行选择，就是一种不负责任的表现。

企业要为用户提供精细服务须达到两个条件：一是大量的时间，二是专业人士。否则过多的信息堆在一起，又没有专业的人士来点评，很难让用户产生信任感。

所以，要想往互联网方向发展，企业首先要保持清醒的头脑，知道什么可以做，什么不可以做，要做自己最擅长的事，更重要的是知道什么时候利用互联网来达到目的。

很显然，发现旅行将这一点做得很到位，学习互联网和它独特的表达方式，再融合自己的专业知识打造出一个一站式自由行服务的在线旅游平台，开辟了一条旅游新路径。

4. 金融：余额宝背后的互联网金融思维

什么是互联网金融？有人认为互联网金融的本质是脱媒，有人则认为是去中心化，甚至还有人认为是数据金融。

但在近些年迅速兴起的余额宝，却都没有包含上述几种特质，如图9-7所示。它没有脱媒，甚至还加了支付宝这层媒介；也没有去中心化，因为

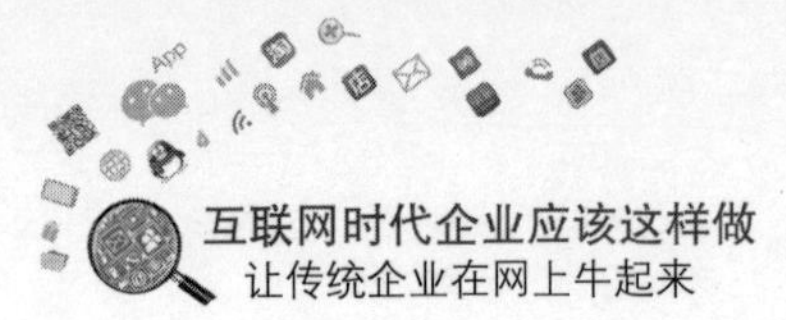

余额宝所有的业务都是以支付宝为中心的；虽然对大数据有依赖，但没有成为它的重要成分。那么，余额宝背后的金融思维到底是什么呢?

基金公司无疑是对金融产品触网感受最深的群体，先是T+0赎回功能。（T+0赎回功能是南方基金在货币基金领域的一项重大创新。）在业务开放期间，顾客可将手中持有的货币基金换做现金实时取现，赎回的款项基金，公司会直接打到顾客的银行卡。许多基金公司都与银行进行了T+0赎回方案的合作，虽然现在这个功能只针对官网直销。后是支付功能，余额宝实现了支付功能的自动赎回。支付宝此功能的出现是对申赎流程的变革。金融产品触网所带来的冲击让许多基金公司不得不深思自己下一步该怎样做。

图9-7　余额宝官方网站

让我们来看看余额宝所体现的互联网金融思维主要有哪几项。

服务对象草根化，专注小而美的微生态

互联网的特点是用户越多，成本就越低，最后甚至趋于零。海量客户小笔金额的频繁交易形成了一个金融产品的交易现象，那就是目标客户群的草根化。支付宝的用户群正是草根的代表，所以余额宝的客户群体就具备了草根特性。虽然草根客户年龄小，收入不高，但是数量庞大，已成为理财需求的主体。这个过去被传统银行屏蔽的群体，成为以余额宝为代表的互联网金融产品的支柱群体。

余额宝的客户有80%以上都是30岁以下的年轻人。他们喜欢在社交网络上晒账户，谈金融投资攻略，与他人分享赚钱的快乐。他们每天都会观察余额宝的涨跌情况，也会与客服随时保持联系。他们经常在淘宝拍下宝贝后考虑用余额宝支付比较好，还是关联信用卡支付比较合算。甚至会在月末将所有的生活费用集中起来用余额宝来支付，把余额宝的交易量推向一个又一个新高。

客户体验人性化，购物方式便利化

余额宝的兴起有一部分原因也是因为购物方式的改变。互联网营销的关键因素是客户体验。对于普通大众来说，金融是一项非常复杂的事务，购买金融产品的过程极为烦琐。余额宝正是抓住了这一特性，将其过程做到极简，让用户很快就了解到什么是回报率、投资比，以及怎样操作购买金融产品。这个操作流程简单得让人忍不住去亲近，这就是余额宝带给用户的魅力。

在余额宝推出后相当长的一段时间里，余额宝都没有做过营销策划和销售活动，而是致力于为系统功能做升级，加强客户服务和投资管理的水平。

余额宝的技术团队完成了一项针对系统功能的重要举措——研究出了

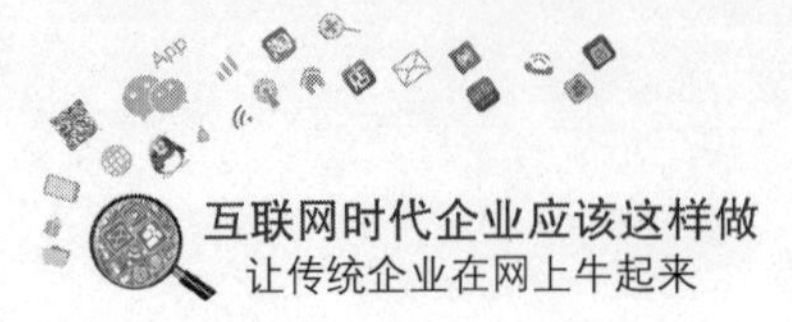

收益发放加速器。这个加速器为客户缩短了在前日取得的收益在“我的支付宝”中的等待时间，使得客户很快就可以看见收益，加强了他们投资理财的乐趣。

余额宝设置了“微快乐播报”，用团队最真诚的笑容和感悟向用户播报每日收益；通过“一张图告诉你”的系列图，以最形象的方式向客户解释余额宝的收益来源、风险因素、应用场景等相关知识；启动云客服试点，推动“客户帮助客户”的生态圈建设；设立“客户体验师岗位”，站在客户的角度向余额宝挑刺、提需求；与各大银行合作以保障未来更大的交易需求。

传统的货币市场基金的结算模式大都是一个月一次，太久的等待时间让客户感到心急。但余额宝不同，用户可以随时查询自己的产品收益，如图9-8所示。这充分显示出互联网的人性化体验。支付宝就是凭借着这样的思维方式，关注用户一些细小的需求点。

图9-8 余额宝官网宣传页面

取长补短，选择好合作对象

快速发展的互联网金融给传统金融行业带来了许多挑战，互联网金融思维和传统的金融思维在很多方面是互相背离的。互联网是以开放、共享、自由、平等、民主等一系列思维为核心，而传统金融很难完全做到这些。两者取长补短，是许多金融人士需要思考的问题。

在互联网时代，传统金融公司想要做互联网金融是很困难的，选择一个合适的互联网平台共同协作非常重要。选择什么样的互联网公司合作，需要找到双方的结合点，推出能产生强烈火花的产品。唯有这样，才能建立属于自己的互联网金融模式。

余额宝所体现的互联网金融思维对金融业体制进行改革起到了很好的示范作用。

对于那些刚刚进驻互联网平台的金融公司来说，最重要的目标是增加用户的黏性，让用户沉淀下来，经过一段时间的磨合探索后，再进一步挖掘数据，以设计出更符合新用户使用习惯的金融产品。

5. 农业："我家农场"的鱼菜共生

互联网蕴藏着巨大的财富，其变革就如一场文艺复兴，席卷了整个商界。互联网不断被成功案例扩散出去，影响了各行各业，就连人类社会最传统的生产方式之一——农业，也被影响了。

"我家农场"的鱼菜共生就是基于互联网兴起的，如图9-9所示。鱼菜共生在农业界中早已不是个新鲜的名词，它是一种新型的复合耕作体系，将水产和蔬菜两种作物，依靠生态设计达到了协同共生。这一技术的出现，实现了养鱼不换水也不会有水质忧患，种菜不用施肥也可以正常生长

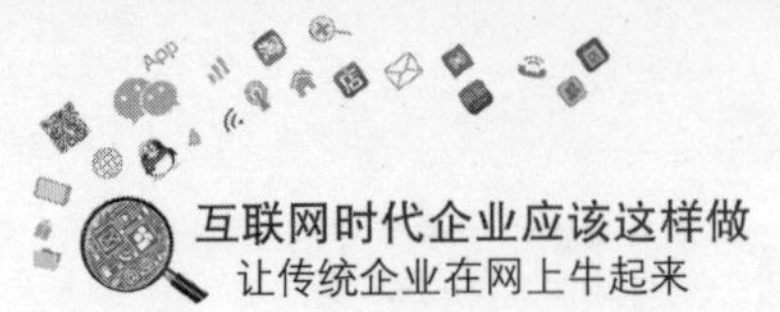

的生态共生效益。

“我家农场”的创始人名叫杨辉，是一个颇有资历的IT男，在微软、EMC公司都工作过。他放弃高薪工作，做起了创新农业——鱼菜共生。也许是从事过互联网工作的原因，在他经营的“我家农场”中，处处都体现出了互联网的印记，如互联网的创新思维、体验思维、免费思维等。

图9-9 “我家农场”官方网站

鱼菜共生农业组合的出现，解决了持续循环排放量大的问题。现在看看杨辉是怎样将“我家农场”的鱼菜共生模式做成功的。

入行前先学习专业知识

许多人在打算转行后，便迫不及待地踏入这个领域。在进入这个领域之前，完全没有考虑到是否要先了解相关的知识，让自己具备一定的专业能力，从而通过原有专业知识与新学专业知识的结合去塑造另一份不一样的成功。贸然进入的结果往往是失败。

杨辉说过一句话：“我最骄傲的不是在知名企业中做编程设计，而是在9平方米的空间种出了1 400株蔬菜。”虽然说起来轻松，但是杨辉在踏入这行前，却花了3年的时间学习农业知识，并且长期在农业院校和科研单位学习。“我家农场”的成功，就是因为杨辉通过努力学习而让自身具备了专业知识才得来的。

以免费吸引客户，以增值服务赢利

免费在互联网企业运营中占据了非常重要的位置，各大互联网企业都在实行免费经营模式。免费是一款产品获得用户关注的重要手段，在免费模式大行其道的今天，如果谁不重视，就等于输在了起跑线上。

免费模式除了指完全不向用户收取成本费用之外，零利润也算是一种。为什么称零利润也是一种免费呢？因为有些产品本身投资成本太大，并不能像QQ、360一样，随着用户的增多，成本会越低。像电视、汽车、农业的生产器材等，是多一个用户，就需多付一个成本。所以对于这些硬件产品，零利润以成本价卖出就属于“免费模式”的一种。

“我家农场”推出的鱼菜共生就是以零利润卖给用户。因为是零利润，所以其产品比其他同类产品便宜很多，自然也就成为了用户的首选。

既然零利润，企业又如何赢利呢？无论是谁经营企业的目的都是为了赢利，产品不能赢利企业就无法维持运营。所以，许多企业在推出免费模式的同时，又推出了增值服务，如腾讯QQ的红钻、黄钻会员等。

“我家农场”也是利用增值服务来赢利。“我家农场”是通过长期卖“耗材”来赢利的。其提供的特别蔬菜和鱼每次可吃两个星期，两个星期后用户就须重新购买，如图9-10所示。

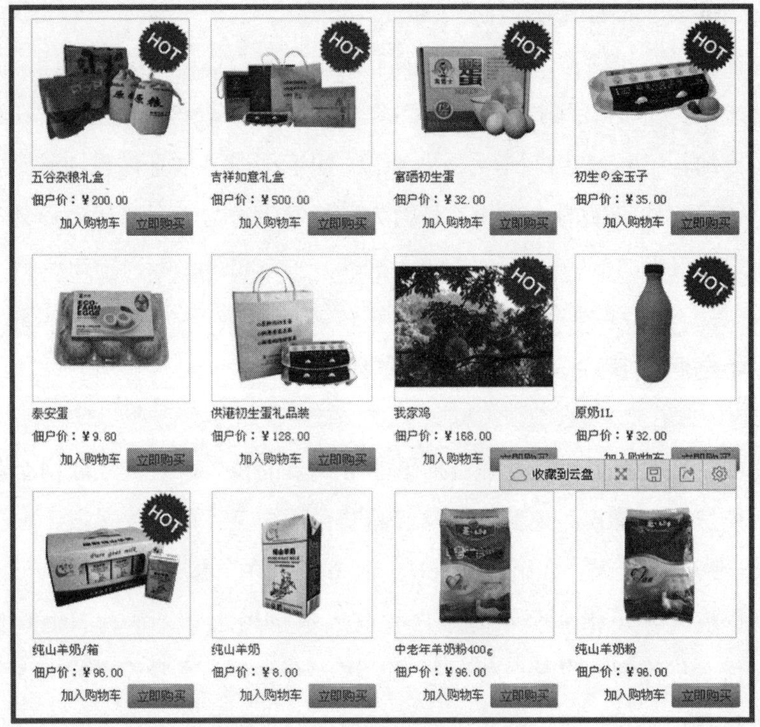

图9-10 “我家农场”产品展示

建立 App，通过互动增加体验感

在移动互联网时代，App已是每个人手机必备的软件，“我家农场”同样为用户提供了App客户端，让用户利用它来订购蔬菜、鱼类。“我家农场”App的界面非常友好，用户可以在App上分享自己种了什么菜，养了什么鱼；同个小区的用户还可通过App互动，交换自己种植的蔬菜，分享自己的种植经验。同时，有兴趣的用户可以组成一个鱼菜共生养殖联盟，大家一起玩。这些都增加了用户的体验感。

杨辉将传统农业完全融入互联网，其成功证明用互联网做农业可以打破瓶颈，擦出不一样的火花。

6. 家电：格力的坚持与改变

传统家电行业同样承受着来自互联网的颠覆和冲击，怎样为企业注入互联网基因，是家电行业面临的重要课题。

许多家电产业接触互联网之前已感受到互联网带来的冲击，如苏宁，前几年被互联网电商打得几乎毫无还手之力，在往互联网化发展之后，旗下的苏宁易购已隐约有与淘宝、京东并驾齐驱的趋势。这样的例子还有格力空调，其传统与创新在互联网运营中结合得也很好。

以互联网概念吸引新用户

在O2O模式几乎是以“忽如一夜春风来，千树万树梨花开”的态势席卷家电行业时，董明珠却表示：“格力电器早就走进互联网世界中了。”

格力的核心产品中央空调在核心技术、生产工艺、机组管理等方面做了极大的能力提升。机组管理一直都是困扰行业多年来的难题，格力中央空调的推出，解决了这沉疴痼疾。2011年，格力自主研发的远程智能管理系统，全面实现了互联网远程数据查看及管家式服务功能。

长期被几家外资品牌轮流占据的中央空调市场被格力打破了。很快，格力又在中央空调领域快速扩张，其承包的中央空调项目几乎遍布全中国。格力空调的成功离不开其核心技术远程智能管理系统的推出。但如果不是互联网，格力恐怕不能扩张得如此迅速，因为格力的中央空调一直都是通过互联网远程监控的，这为格力省下了大量的人力和物力。可以说，互联网帮助格力提高了效率和效益。

空调耗电高，在家庭耗电量中占了60%，是最耗能量的一款产品，所以格力在研究空调性能的过程中，首先要考虑的就是它的节能性。

基于此，格力在产品上植入了统一智能芯片，收集空调的各种信息，包括用户的使用习惯等。再基于这些数据为家用空调配置芯片，并与三大电信运营商合作，降低数据的传递成本。如图9-11所示。

图9-11　格力家用空调

在电商冲击传统家电行业的格局下，国内许多主流家电企业都受到了波及，但格力却不受影响。董明珠对此表示过：“原因很简单，就是格力在互联网化的过程中有所改变，但也有所坚持。”

坚持传统企业特色

格力的成功在于始终在互联网化的过程中坚持传统企业特色。董明珠认为，一家制造型企业，不管怎样发展和改变，做好产品才是安身立命之本，做好专卖店的销售渠道才是企业发展的重点。

与许多传统企业不同，面对电商，格力的态度显得非常淡然。与互联网进行合作，更重要的是把效率和效益做到最大化。而且，不管是采用线下销售渠道，还是线上销售渠道，诚信才是发展的根本。

格力产品虽然价格高，但是它的核心技术和品质却是其他品牌无法超越的，格力的“两年包换，六年免费服务”承诺是很多家电厂商无法超越的。

就是因为这种稳扎稳打、低调务实的企业风格，围绕着消费者需求谋发展的发展思路，跟随着时代潮流发展向互联网靠拢的同时有所改变也有所坚持的企业精神，使得越来越多的消费者将格力空调作为首选。

7. 酒业：戎子酒庄，打造葡萄酒“第三极”

互联网的核心是以用户为中心，利用社会化媒体的功能聚拢用户，然后再用极致的产品将用户变为粉丝，从而塑造企业品牌，走出属于自己的特色之路。

这在酒业中也一样。寻找核心用户，让其成为品牌的“自营销体”，成为产品的忠实粉丝，从而塑造独具特色的酒品牌，是整个酒业需要面对的问题。

如何走出一条独具特色的发展之路呢？这对于一个传统行业或是一个新兴酒品牌来说是一件相当苦恼的事情。传统的推广方式成本高，消费者难以形成深层印象，同时缺乏用户反馈……这些都是不能快速形成品牌特色的因素。互联网的出现，让渴望突破瓶颈的酒企看到了成功的希望。

对于只有 7 年资历、以销售中高端葡萄酒为定位的山西戎子酒庄来

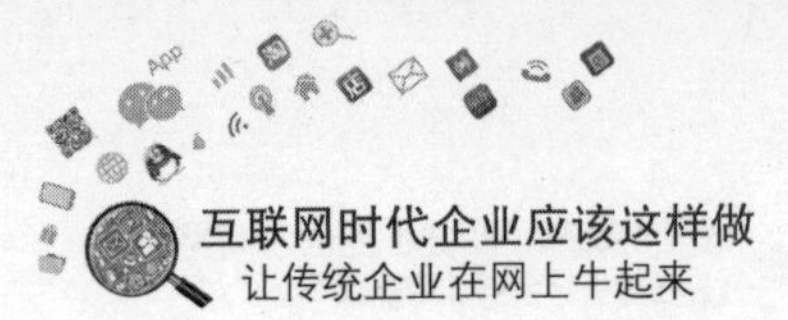

说，在激烈的市场竞争中，无论是传播民族葡萄酒精神，还是推广自身品牌都不是一件容易做到的事。

在外有世界葡萄酒高性价比的压力，在内有张裕、长城等知名酒企的固有渠道的挤压，初出茅庐的戎子酒庄面临的压力不小。但正所谓初生牛犊不怕虎，戎子酒庄顶着压力独辟蹊径，依靠互联网开辟了一片新天地。

试水新营销

万事开头难，戎子酒庄的电商之路在一开始就受到了种种阻碍。戎子酒庄在酒仙网上市之后，因为新兴品牌的知名度不够，消费者对其缺乏信任，所以产品的销量并不好。但戎子酒庄并不气馁，借着“双十一”这股东风来推动产品的销售，如图9-12所示。

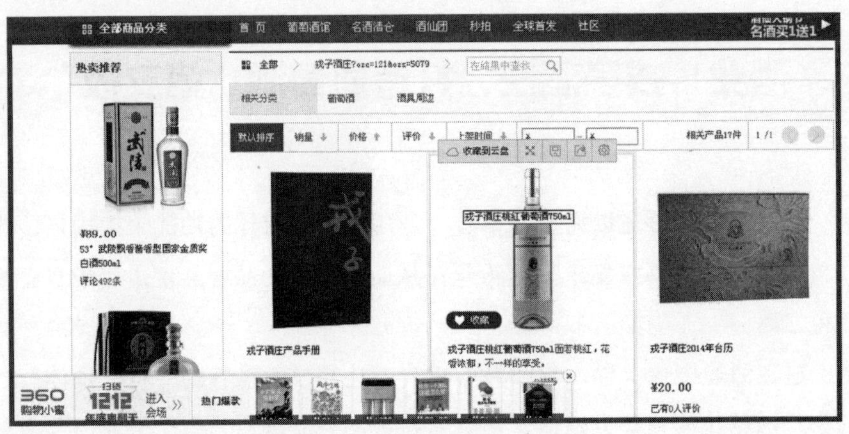

图9-12 戎子酒庄酒仙网旗舰店

要借东风，也须万事俱备。戎子酒庄在“双十一”到来之前，在各个方面都做好了准备。

戎子酒庄为了宣传产品，在微信上做起了疯狂宣传：只要拿出手机，打开微信通讯录，与朋友在同一时间分享添加按钮下的“一起按，加朋友”选项中的一篇名为《中国拉菲——戎子红酒免费送 “最炫民族风”陶醉帝都》，且点赞数达到10个，戎子酒庄就会送给用户一瓶葡萄酒。

戎子酒庄的这项“与朋友，一起按”获点赞赢葡萄酒的活动得到了很多微信用户的欢迎，纷纷召集朋友一起参与这项活动。

5天、零成本推广、20万人群的影响力，这是让任何企业都羡慕不已的成绩。许多精英人士、葡萄酒爱好者、媒体、明星在不自觉中成为此次戎子酒庄营销事件的参与者。

通过这次营销活动，戎子酒庄获得了“高端大气上档次”、“中国拉菲”、“葡萄酒界的土豪金”、“最具民族特色的酒庄”等称赞。

依靠微信营销，戎子酒庄不但在短时间内就打开了知名度，“双十一”的网络销量也大获成功，更值得称颂的是，其销量在“双十一”过后也热度不减。

线上线下全面发力

这次微信活动的成功，让戎子酒庄尝到了甜头，但是，这还远远不够。在网上销售中高端葡萄酒不是一个短期的行为，所以这就不能单指望产品的自然走量，而要建立自己的圈子，将线上线下的渠道完美地融合到一起。电商与传统渠道不是“有你无我”的生死之争，而是互补共赢的关系。电商的目标消费群一般是80后、90后，传统渠道的目标消费群一般是60后、70后。故此，传统渠道和电商渠道并不矛盾。成功的产品，来源于多种渠道的融合。

彼此共生，合作共赢

投资大、回报小是国产酒庄的短板，戎子酒庄董事长张文泉认为抱着迷茫且玩玩的心态肯定无法将酒庄做好。国产酒庄要有自己的特色，如在葡萄园和生产加工基地上，一定要有自己的特色。戎子酒庄的特色就是黄土高原上的国产酒庄，将黄土高原出产的葡萄酒做到极致。

要想获得胜利，就必须学习竞争对手的长处，或是与对手协作共赢。没有对手就不会有自己的成长，戎子酒庄每年都会派人到别的酒庄和产区去学习，甚至出国考察。同时，也欢迎其他葡萄酒企业来戎子酒庄进行学习交流。在这个过程中，戎子酒庄也不断地与其他酒庄进行合作，共同研究新口味，推出新品牌。“三人行，必有我师”，学习对方的长处，与对方携手合作才是企业成长的根本。

葡萄酒在中国才刚刚开始，尚有很大的发展空间。要想在这方面获得突破，除了要利用好社会化媒体，进行个性化、精准化的宣传，同时也要做好自己的特色，保持线下活动的完整，进行多方面的融合，做到二次营销、多次营销。

戎子酒庄能突破瓶颈，成为中国葡萄酒业的强劲黑马，与其能成功运用互联网分不开。

8. 通信：互联网思维下的移动智能通信

微信的出现使得传统短信业务受到了极大的冲击，接着免费电话、视频聊天等通信方式更是让传统通信行业受到了振荡。

面对移动互联网的冲击，电信运营商亦动作频频，全面迎战。

以中国移动为例，为了能在移动互联网下寻找新的商机，中国移动在广州建立了一个以“研发、IT、交流”为中心的基地。在国内，还没有谁能向中国移动一样，专门成立移动互联网基地，负责移动互联网网络、业务以及商业模式的开发。在这个基地的发展过程中，求新求变的互联网思维模式被中国移动完美地融进了传统的电信行业中。

学习新思维，互通融合

中国移动曾经“烟囱式”的业务结构为其带来不小的辉煌业绩，但是随着互联网的出现，通信成本越来越低，中国移动开始意识到这种孤立式、高成本的业务模式正在阻碍自身的发展，多方融合的业务模式已成为创新研发的核心点。但是，要打破原有的机构就要面临已有业务受影响、网络重新建设、毫无经验可循的困难。

不过，中国移动将这些困难都一一克服了，在近几年的实践中取得了不错的成绩，如移动音乐、移动电子商务、移动微博、139邮箱、飞信等产品，如图9-13所示。

图9-13　中国移动139邮箱

中国移动在互联网思维影响下所做的这些改变，虽然不能在专业方面超越那些优秀的互联网企业，但是也没有一个互联网企业能像中国移动一样拥有众多的优势业务品牌。

同时，在此基础上，中国移动学习互联网整合思维，将分散在各地的

优势资源和各项业务整合到一起，以便调整业务的发展方向。如飞信、邮箱、微博等之间的整合；Mobile Market平台和音乐、游戏、视频、书籍等各个方面的整合，如图9-14所示。

图9-14 中国移动Mobile Market平台

整合后的集中化运作提升了中国移动的业务。139说客升级版与飞信、139邮箱和合作微博打通后，用户就可直接通过飞信更新139说客，而飞信和微博的内容也能同步更新到139说客中。中国移动已经成为一个互通融合的舞台，真正实现了全面、开放。

综合优势，实行平台化运营

互联网行业有几大发展趋势：本地商务变现价值，开放架构决定未来发展，入口平台引进流量，社交网络聚集用户。如果企业能把握住这些趋势，就能站在互联网时代的制高点。

术业有专攻，中国移动的优势是综合资源，所以其可采取的唯一方式就是平台化运营。采用平台化运营，就可让每个应用厂商变成中国移动智能通信的合作伙伴，而不是竞争对手。

平台在互联网的发展中发挥着非常重要的作用。在互联网进入Web2.0时代之后，企业面临的障碍是如何从终端寻找用户并提供业务服务，于是门户成了清除这些障碍的平台。

但在互联网时代，如何将海量的业务和应用放在用户面前，让他们快速且便捷地收到所需的信息成为企业新的问题，要解决这一问题同样需要平台来支撑。所以，平台就是用来为智能通信的发展打破障碍，用来为企业增进用户互动率的。

中国移动在南方建立的互联网基地，就是以这种方式来支持其业务运营的。以Mobile Market为例，始终坚持以平台化思路来运营和发展，现已成功地聚拢大批用户与开发者资源，为智能通信的发展打下了坚实基础。

实行精品化战略，塑造无法复制的成功

精品化战略是当前企业制胜的关键点。就像苹果的App Store，始终保持着“一直被模仿，从未被超越”的地位。

Mobile Market商城在开发过程中，也因为不够“精品”的问题，而无法产生较高的用户黏性。为了获得精品，中国移动展开了一系列规模庞大的战略计划：为消费者提供一站式销售，联合全球排名前十的各领域开发商推出精品，并在国内首创国际精品首发机制。这些措施为Mobile Market带来了超过60款的精品游戏和应用，为用户提供了多样化、精品化的需求服务。

在产业链方面，中国移动也全面实行“一站式支撑”，为用户提供全面保障。面向开发者，则提供“一站式服务”，对个人开发者提供了一系列的培训、开发、测试、上线等服务，为他们打造开发者社区、创新开放

日等平台。

中国移动在互联网思维的影响下所做的种种变革和创新，对其始终保持通信行业的龙头地位起着重要的作用。通信和互联网有着千丝万缕的联系，利用互联网进行业务创新，才是现在通信运营商发展智能通信的关键。

9. 零售：以互联网思维改变传统品牌零售

互联网思维在各行各业的运用很难用几个词去定义，但是有一点可以肯定："不管怎么做，在如今的商业时代要想在商业领域获得成功，都要基于或是利用互联网才行。"

在零售领域也一样，互联网思维对零售业最大的影响就是完全颠覆了旧有的经营模式。传统商业有一现象："买的没有卖的精。"之所以出现这种情况，是因为传统商业时代信息不透明的原因。

但如今就不一样了，在互联网时代，一切信息都是透明的，消费者对产品的一切信息了如指掌，都成了价格敏感体。这种改变颠覆了整个传统零售业的经营模式。

在互联网时代，消费者的行为越来越数字化，这就要求零售企业对消费行为进行大数据分析，从而更好地在定价、营销、物流、售后等各个方面为消费者提供极致服务。

传统的零售商在保证消费者忠诚度方面存在着很大缺陷，进入互联网时代后，又错误地以为简单地添加一些网络内容就是互联网思维，不明白互联网思维应当是调整传统企业的思路。

传统零售商应该通过转变观念来进行一体化运营，以便顺应互联网发展的大趋势，让消费者能随时随地在各个零售渠道上享受极致的产品体验。

在往互联网化发展的企业中，大悦城对于互联网思维的成功运用为业内其他企业树立一个很好的榜样，如图9-15所示。

自2013年9月8日的第一个“疯抢节”过后，大悦城总经理吴铮体会到了互联网思维的魅力。经过不断努力，现在的大悦城已经取得了日销售额500万元的佳绩。那大悦城究竟是怎样做的呢？

图9-15 大悦城官网

以变应变，满足消费者的需求

大悦城目前有超过400家的店铺，为了满足消费者的个体需求，每一家的购物篮都不一样。通过大数据分析后，大悦城为每家店铺进行了定制版的合理促销方式。

同时，大悦城通过和我买网、银泰网合作做创新型店铺，虚拟店面也可以在大悦城销售，这一虚拟网店的增加，为消费者提供了一种新鲜的购物体验。

大悦城与各大终端、iBeacon技术进行联合，提高交互服务水平。同时为了方便消费者付款，与支付宝进行了合作，为消费者提供更加便捷的服务。

塑造品牌意识，追求极致的用户体验

品牌是一家店面、一个零售商甚至是一家企业长久发展的基础，如果不具备塑造品牌的意识，被淘汰是迟早的事。

大悦城避开与各大购物中心的正面竞争，决定在增强体验的细分领域中塑造品牌。其首要的目标就是先聚集更多的用户。大悦城的目标客户群大多是朝九晚五的上班族。这部分人群收入一般不是很高，因此，大悦城决定推出优于一般购物、餐饮和娱乐需求之上的精神需求产品——骑鹅公社。

大悦城在常规经营大品牌的基础上，营造大街区小品牌。把街区做得非常完善，包括柏油马路、街灯、饮料店，还有街道两旁各式各样的小店，把这条街取名为骑鹅公社。

这略带艺术又有点清新范儿的名字让许多消费者都为之眼前一亮，一推出就迅速成为热点。虽然骑鹅公社只有几千平方米，但是每天到访一万人次以上，占据大悦城总客流的五分之一。

用完美的细节，打造极致的服务

在互联网时代，无线网络已成为百货商场的标准配备，当消费者去购物时，一般都会关注所在商场有没有Wi-Fi，类似这种消费者的细节需求，大悦城都一一予以满足。

在大悦城中，集装箱扮演着重要的角色，34家各具特色的小店分散各处，经营着创意、餐饮和文化的生意。例如，有一家书店把“只售与美好生活相关的无用之书——不畅销、不励志、不实用”的口号挂在外墙上。

这种独具创意的小店，在大悦城里非常多，从各个方面满足了不同消费者的精神需求。

类似于这样的细节完善，在大悦城里还有很多。例如，为了满足年轻消费者喜欢在网上购物的需求，大悦城全面放开品牌扫码，网上下订单，然后再到实体店里来购买。如果不满意还可以立即取消订单。这充分考虑到了消费者喜欢网购但害怕产品质量不过关的心理。大悦城就是利用这一点一点的小细节，将服务做到极致，把众多消费者吸引过来。

大悦城的成功充分说明，互联网思维对传统零售业发展的影响可以是非常正面并起促进作用的。

10. 美容：蕾蕾美颜的互联网美容之路

马云说过一句话："传统企业的机会太多了。"其所表达的意思无非就是传统企业可以利用互联网思维获得更多的发展机会。马云说得没错，但如果哪家企业认为互联网只是营销传播的渠道，或者是网络销售的渠道，那就大错特错了。真正的互联网思维应该用更高的格局去理解。例如，怎样利用互联网运营模式改变传统运营模式，就是传统企业需要重视的问题。

越来越多的传统企业利用互联网来深化发展，甚至把自己定位为互联网企业，如万科。这种现象充分说明了现在的企业运营模式已经走到了互联网模式运营阶段。美容行业作为传统行业之一，明显也进入这一运营阶段中。

美容企业从传统运营模式改变为互联网经营模式，需要从三个方面来建立：一是通过口碑思维找到撬动大格局的舆论支点；二是通过平台思维吸引新用户；三是通过营销思维扩大品牌影响力。

从这三个方面来改变美容行业的经营模式，将之运用到企业运用的各个环节当中，就会有意想不到的收获。

蕾蕾美颜就是利用互联网改造传统美容行业的成功代表。

浙江蕾蕾美颜连锁发展有限公司董事长汪娅平成功入围2014年世界杭商大会“青年领军人物20强”候选名单。作为唯一的80后新生力量代表，汪娅平引起了不小的关注。

蕾蕾美颜以黑马之姿在美容界迅速崛起，其成功的品牌案例代表了互联网对美容业的冲击和颠覆，可以说，它是传统行业主动拥抱互联网、成功运用互联网提升品牌影响力的成功典范。

敢把自己扔出去接受品头论足

口碑无疑是企业品牌的生命，这对于美容品牌也一样。那么，怎样才能产生良好的口碑呢？这就需要企业敢于把自己扔出去，接受网友的品头论足。

汪娅平接手蕾蕾美颜已经有5年时间，从最初的3家门店开始，她在遴选新店、规划品牌、吸引客户时就非常注重用户的口碑效果。

在互联网刚刚发展之时，汪娅平就在店内设置客户意见卡，让用户对蕾蕾美颜进行评价，利用用户的评价来改正产品和服务的不足。进入互联网后，便专门安排工作人员收集论坛、点评网站上的评价，并及时做出回应。正是蕾蕾美颜敢于把自己扔出去让用户评价的行为，不仅利用用户评价改正了自身的缺点，还为自身积累了极好的口碑。很快，蕾蕾美颜成为知名点评网站首批五星商户，这在美容行业中还属全国首例。

利用各大平台，用低价吸引新客户

互联网的核心是吸引用户的目光，最大限度地增加用户黏性，然后将这些关注转化为线上线下的消费。

在过去，企业在锁定目标消费人群之后，就要想方设法进行营销传播，以期招揽新的用户。而如今，在互联网上推广传播，以引起众多潜在消费者的关注，然后再向其传播消费诉求，进而实现招揽新客户的最终目标。

蕾蕾美颜在保持门店接待能力稳定的同时，迅速进驻各主要团购网站，以最优惠的套餐价格为门店吸引新的客流。例如，蕾蕾美颜在某团购网站上推出的100元以下的美容体验套餐，大大节省了用户的美容消费，吸引了不少用户在团购网上进行团购。蕾蕾美颜的这一举措，为其带来一大批新客源。

线上热闹，线下照样精彩

在互联网上，用户之间的互相传播能使品牌影响力得到极大的提升，从而使品牌与用户之间产生高度的黏性。

蕾蕾美颜为此专门设置了网络社会化营销部，员工多达十几人，分别负责天猫、大众点评网、微博、微信等领域的运营。利用社会化媒体，线上引流，线下体验，推出不一样的营销策略。

蕾蕾美颜专门推出了一款针对2014年世界杯的活动：用5个体验项目对应5个球队，如果客户买的这个项目的球队赢了总冠军，蕾蕾美颜就将这个项目免费赠送给用户使用，如图9-16所示。

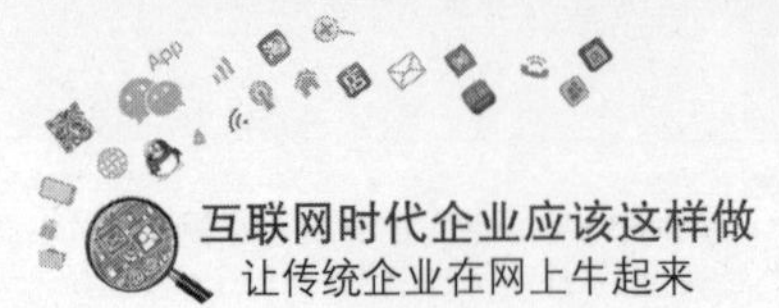

图9-16　蕾蕾美颜世界杯活动宣传

这项活动不仅在实体店中宣传，同时也在微博、微信上推广，借着世界杯的热度，此活动在网上受到了众多网友的欢迎。

蕾蕾美颜跟随时代潮流在互联网上大玩社会化营销，在积累了3万名会员后，开始向用户派送惊喜，打通了线上线下的美丽社群，为客户提供一个集合美丽解决方案的开放式平台。

蕾蕾美颜能在短短的5年时间里获得如此成功，证明了互联网在美容行业同样大有可为。通过社会化媒体营销推广，扩大了品牌发展空间，改善了企业与用户之间的关系，塑造了良好的品牌形象。这些成果都是蕾蕾美颜有效利用互联网带来的。